유네스코 세계 유산

# 한국의 갯벌

유네스코 세계 유산

한국의 갯벌

초판 2쇄 발행 2025년 3월 25일

| | |
|---|---|
| 글쓴이 | 정종영 |
| 그린이 | 김창희 |
| 편집 | 최정미 |
| 디자인 | 박영정 |
| 펴낸이 | 이경민 |
| 펴낸곳 | ㈜동아엠앤비 |
| 출판등록 | 2014년 3월 28일(제25100-2014-000025호) |
| 주소 | (03972) 서울특별시 마포구 월드컵북로22길 21, 2층 |
| 홈페이지 | www.dongamnb.com |
| 전화 | (편집) 02-392-6901  (마케팅) 02-392-6900 |
| 팩스 | 02-392-6902 |
| SNS | 📘 📷 blog |
| 전자우편 | damnb0401@naver.com |
| ISBN | 979-11-6363-804-9 (74810) |

※ 책 가격은 뒤표지에 있습니다.
※ 잘못된 책은 구입한 곳에서 바꿔 드립니다.
※ 이 책에 실린 사진은 셔터스톡, 위키피디아에서 제공받았습니다. 그 밖의 제공처는 별도 표기했습니다.

 도서출판 뭉치는 ㈜동아엠앤비의 어린이 출판 브랜드로, 아이들의 지식을 단단하게 만들어 주고, 아이들의 창의력과 사고력을 키워 주어 우리 자녀들이 융합형 창의 사고뭉치로 성장할 수 있도록 좋은 책을 만들겠습니다.

유네스코 세계 유산

# 한국의 갯벌

갯벌을 꼭 보존해야만 할까?

글쓴이 **정종영**  그린이 **김창희**

## 펴내는 글

갯벌은 왜 생겨나는 걸까?
갯벌을 보존하려면 어떻게 해야 할까?

선생님의 질문에 교실은 일순간 조용해지기 시작합니다. 인내심이 한계에 다다른 선생님께서 콕 집어 누군가의 이름을 부르는 순간 내가 걸리지 않았다는 안도감에 금세 평온을 되찾지요. 많은 사람 앞에서 어떻게 말을 해야 할까 고민 한번 해 보지 않은 사람은 없을 겁니다.

사람들 앞에서 자신의 생각을 조리 있게 전달하는 기술은 국어 수업 시간에만 필요한 것이 아닙니다. 학교 교실뿐만 아니라 상급 학교 면접 자리 또는 성인이 된 후 회의에서도 자신의 의견을 분명히 표현할 수 있어야 합니다. 하지만 어디서부터 시작해야 할지 몰라 입을 떼는 일이 쉽지 않습니다. 혀끝에서 맴돌다 삼켜 버리는 일도 종종 있습니다. 얼떨결에 한마디 말을 하게 되더라도 뭔가 부족한 설명에 왠지 아쉬움이 들 때도 많습니다.

논리적 사고 과정과 순발력까지 필요로 하는 토론장에서 자신만의 목소리를 내려면 풍부한 배경지식은 기본입니다. 게다가 고학년으로 올라가서 배우는 수업과 진학 시험에서의 논술은 교과서 속의 내용만을 요구하지 않습니다. 또한 상대의 의견을 받아들이거나 비판하기 위해서도 의견의 타당성과 높은 수준의 가치 판단을 해야 하는 경우가 많은데, 자신의 입장을 분명히 하기 위해선 풍부한 자료와 논거가 필요합니다.

토론왕 시리즈는 사회에서 일어나는 다양한 사건과 시사 상식 그리고 해마다 반복되는 화젯거리 등을 초등학교 수준에서 학습하고 자신의 말로 표현할 수 있도록 기획되었습니다. 체계적이고 널리 인정받은 여러 콘텐츠를 수집해 정리하였고, 전문 작가들이 학생들의 발달 상황에 맞게 스토리를 구성하였습니다. 개별적으로 만들어진 교과서에서는 접할 수 없는 구성으로 주제와 내용을 엮어 어린 독자들이 과학적 사고뿐만 아니라 문제 해결력, 비판적 사고력을 두루 경험할 수 있도록 하였습니다. 폭넓은 정보를 서로 연결 지어 설명함으로써 교과별로 조각나 있는 지식을 엮어 배경지식을 보다 탄탄하게 만들어 줍니다. 뿐만 아니라 국어를 기본으로 과학에서부터 역사, 지리, 사회, 예술에 이르기까지 상식과 사회에 대한 감각을 익히고 세상을 올바르게 바라보는 눈도 갖게 할 것입니다.

『유네스코 세계 유산 한국의 갯벌』은 바다 생태계의 보물 창고라고 불리며 다양한 생물들이 함께 어울려 살아가는 갯벌에 대한 이야기입니다. 블루문 행성에 사는 쎄리얼과 쿨라, 모닐라는 화성에 놀러 가서 보드를 타고 신나게 놀다가, 통행권이 돌풍에 빨려 들어가고 말았어요. 당황한 쎄리얼 일행은 통행권을 찾아 지구라는 행성까지 오게 되었답니다. 지구에는 순천 갯벌, 보성 갯벌, 신안 갯벌, 고창 갯벌, 서천 갯벌 등 다양한 갯벌이 있어요. 쎄리얼 일행이 갯벌에서 좌충우돌하는 과정을 통해 갯벌이란 무엇이고 어떤 역할을 하는지, 다른 나라들은 갯벌을 보존하기 위해 어떤 노력을 기울이는지 여러분도 같이 확인해 보세요. 칠면초, 염생식물 등 다양한 철새와 생물이 함께 어울려 살아가는 바다의 박물관 갯벌의 생태를 이해한다면 과학과 문화가 새롭게 느껴질 거예요.

편집부

# 차례

펴내는 글 · 4
화성으로 출발! · 8

**1장**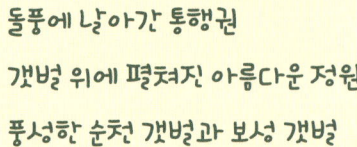

## 바다의 박물관, 갯벌 · 11

돌풍에 날아간 통행권
갯벌 위에 펼쳐진 아름다운 정원
풍성한 순천 갯벌과 보성 갯벌

`토론왕 되기!` 갯벌이 서해안에 많은 이유는 무엇일까?

**2장**

## 갯벌의 원형, 신안 갯벌 · 45

다도해의 갯벌 천국
사람과 생명이 공존하는 곳

`토론왕 되기!` 다른 나라는 갯벌을 보호하기 위해 어떤 노력을 하고 있을까?

`뭉치 토론 만화`
　잃어버린 갯벌, 새만금 · 73

### 3장 생명의 보고, 고창 갯벌 · 79

셰니어가 움직이는 고창 갯벌

태곳적 신비를 간직한 고창 갯벌 체험

**토론왕 되기!** 갯벌, 개발해야 할까, 보존해야 할까?

### 4장 새들의 천국, 서천 갯벌 · 107

새들의 안식처

아낌없이 베푸는 풍요의 땅

**토론왕 되기!** 갯벌을 보존하려면 어떻게 해야 할까?

어려운 용어를 파헤치자! · 135

알아 두면 좋은 갯벌 관련 사이트 · 136

신나는 토론을 위한 맞춤 가이드 · 137

## 돌풍에 날아간 통행권

블루문 행성에서 온 우주선 '해리 42호'가 태양계를 지나 화성에 착륙했다. 화성에 놀러 온 쎄리얼과 쿨라, 모닐라는 보드를 꺼내 들고 사막으로 뛰어갔다. 화성과 블루문은 환경이 비슷해 제일 놀기 좋은 행성이었다. 게다가 화성은 블루문 행성보다 밝았다. 근처에 있는 태양 때문이었다.

"야호!"

셋은 모래사막에서 보드를 타며 놀았다. 모닐라는 신이 나는지, 보드 출력을 5단으로 높였다.

"나 잡아 봐라!"

"어, 모닐라 보드 최신형으로 바꿨네!"

출력을 높여도 쿨라는 모닐라를 따라잡을 수 없었다. 쎄리얼이 쿨라를 보며 손짓했다. 모닐라를 한쪽으로 몰아 따라잡자는 신호였다. 쿨라가 빙빙 돌면서 하늘에서 공중제비를 돌았다. 그 순간 모래사막에서 돌풍이 몰아쳤다. 쿨라가 중심을 잃고 아래로 떨어지는 것을 쎄리얼이 달려가 겨우 붙잡았다. 하지만 뒷주머니에 있는 통행권이 빠져서 돌풍에

빨려 들어갔다.

"어, 어, 어, 통행권!"

쎄리얼과 쿨라가 끝까지 쫓아갔지만, 통행권을 잡을 수 없었다. 모닐라도 뒤를 따랐지만, 돌풍의 움직임이 너무 빨랐다.

"어떡하지?"

셋은 사라지는 돌풍을 뚫어지게 바라보았다.

"테리, 통행권 추적해 줘!"

쿨라가 허겁지겁 손목시계를 올리며, 테리에게 얘기했다.

"알겠습니다."

시계에서 테리 목소리가 들려왔다.

"어서 가 보자."

셋은 잽싸게 해리 42호로 달려갔다.

아직 결과가 나오지 않은 듯 화면에 별 모양의 블루문 국기가 뱅글뱅글 돌아갔다. 잠시 후 화면이 지지직거리며 비슷한 사진 세 개가 나타났다.

"어! 그런데 왜 세 개지?"

"통행권이 사라진 쪽에서 99.9% 일치하는 모양을 찾아낸 결과는 세 개입니다."

"여기가 어디지?"

"세 곳 모두 지구 행성입니다."

테리가 세 곳의 좌표 위치를 화면에 표시했다.

"뭐! 지구라고?"

셋은 깜짝 놀라며 한목소리로 외쳤다. 지구라는 말에 모두 발을 동동 굴리며 서로 쳐다보았다. 지구는 외계 생명체가 살아서 아주 위험한 곳이라고 들었기 때문이다.

"테리, 지구까지 연료가 될까?"

테리가 지구까지 연료 소모량을 계산했다. 생각보다 꽤 많이 나왔다. 지구는 화성보다 중력이 3배 높고, 대기가 있어 연료 소모가 많았다. 테리는 지구에서 세 곳을 모두 이동하고 블루문까지 돌아가면 연료 7이 남는다고 예측했다. 하지만 천천히 이동하면 연료를 더 아낄 수 있었다.

"엄마, 아빠가 걱정하지 않을까?"

"금방 다녀올 것 같은데. 테리, 저기까지 얼마나 걸리니?"

빨리 가면 12분, 천천히 가면 1시간 거리였다. 셋은 한참을 고민하다가 결정을 내렸다.

"일단 가 보자! 첫 번째 장소에 있을지도 모르잖아."

"좋아!"

쎄리얼이 명령하자, 테리는 첫 번째 목표지를 설정하고 자동 운전을 시작했다. 연료를 아끼려고 해리 42호는 지구까지 천천히 움직였다. 시간이 흐를수록 화면 사진이 조금씩 달라졌다.

"사진이 좀 이상하지 않아?"

모닐라가 화면을 가리켰다. 처음에는 모래 바닥에 별 모양이 있었는데, 지금은 같은 자리에 물이 가득 차 있었다. 테리가 지구에 있는 슈퍼컴퓨터와 연결한 뒤, 자료를 검색했다. 그러고는 지구에 있는 갯벌에 대해 알려 주었다. 나머지 두 곳도 갯벌이었다.

"뭐! 갯벌?"

처음 듣는 단어였다.

잠시 후, 테리가 또 얘기했다. 우주선은 바닷물이 있는 갯벌까지 들어갈 수 없다는 것이었다. 바닷물이 닿으면 녹슬기 때문이었다. 결국, 지구에 도착하면 목표물이 있는 곳까지 직접 걸어가야 했다. 문제는 지구인이었다.

"이거 큰일인데?"

"어떡하면 되지?"

테리가 방법을 알려 주었다. 최대한 지구인처럼 행동해야 안전하게 돌아올 수 있었다.

"혹시 지구인이 말을 걸면 어떻게 하지?"

"매직 글라스를 챌린지 모드에 놓고 착용하십시오."

셋은 테리가 시키는 대로 매직 글라스를 착용했다. 테리가 시험 삼아 한국말 자막을 아래로 흘려보냈다.

"오! 그대로 읽으면 된다는 말이지. 좋았어."

## 갯벌 위에 펼쳐진 아름다운 정원

"저기가 좋겠다."

쎄리얼이 조종간을 아래로 내리자 우주선이 밑으로 움직였다.

"띠링띠링 띠링띠링, 아래 바닷물이 있습니다. 다른 곳으로 장소를 이동하여 주십시오."

요란한 소리와 함께 테리의 음성이 나왔다.

쎄리얼이 조종간을 잽싸게 돌려 우주선을 우거진 풀숲 공터 사이에 착륙시켰다. 셋은 매직 글라스를 끼고 우주선에서 내렸다.

"와! 이런 곳이 다 있네."

쿨라가 신기한 듯 넓은 갈대밭을 빙 둘러보며 입을 쩍 벌렸다.

"지금 한가롭게 구경할 시간 없어. 바로 출발하자고."

쎄리얼이 짜증 섞인 목소리로 얘기하며 바다를 가리켰다.

"잠시 기다리셔야 합니다."

테리의 말에 모두 우주선으로 고개를 돌렸다. 지금은 목적지가 물에 잠겨 정확한 위치를 알 수 없다는 얘기였다. 물이 빠질 때까지 두 시간 정도 기다려야 했다.

"뭐! 여기는 갯벌이라 하루에 두 번 물이 들어오고 빠진다고?"

테리가 갯벌과 물때에 대해 알려 주었다.

### 물때란?

썰물은 바닷물이 빠지는 것이고, 밀물은 바닷물이 들어오는 것을 말해요. 갯벌은 하루에 두 번씩 물이 들어오고 나가요. 밀물과 썰물이 들어오고 나가는 것을 '물때'라고 말한답니다. 물때를 볼 때는 간조와 만조를 반드시 살펴야 갯벌을 잘 관찰할 수 있어요.

간조는 하루 중에서 바닷물이 가장 많이 빠지는 때로, 갯벌을 가장 잘 볼 수 있는 시간이에요. 만조는 하루 중 바닷물이 가장 많이 차는 시간으로, 갯벌이 물에 잠겨 볼 수 없어요. 갯벌을 보려면, 물이 가장 많이 빠지는 시간을 기준(간조)으로 앞뒤 한두 시간 사이에 보는 것이 가장 적당하답니다.

설명을 들어 보니 기다리는 방법 외에 뾰족한 수가 없었다. 셋은 두 시간 동안 주변을 살펴보기로 마음먹었다.

일행은 아래로 내려가 갈대숲 사이로 난 길을 따라 걸었다. 우거진 갈대밭이 끝없이 펼쳐졌다.

"야, 저기 좀 봐. 이상한 게 아래에 있어."

모닐라가 아래쪽을 가리켰다. 방게 한 마리가 갈대밭에서 아장아장 옆으로 움직였다. 잠시 후 또 한 마리가 나타났다. 자세히 주변을 살펴보니, 바닷물이 덜 빠진 갈대밭에는 엄청나게 많은 방게가 돌아다녔다. 셋은 방게를 살펴보고 다시 길을 따라 걸었다.

"가도 가도 끝이 없네?"

바람에 따라 갈대숲이 쉭쉭 소리 내며 이리저리 흔들렸다. 쎄리얼은 매직 글라스에 나타난 지도를 다시 한번 보았다. 생각보다 목적지가 꽤 멀었다.

"어, 어!"

쿨라가 깜짝 놀라며 뒤로 발을 물렸다. 모닐라가 고개를 돌렸다. 커다란 독수리 한 마리가 무서운 속도로 날아왔다.

"피해!"

쎄리얼이 쿨라를 밀었다. 하지만 독수리는 갈대밭으로 들어가 큰기러기 한 마리를 낚아챈 뒤 다시 공중으로 날아갔다. 큰기러기 몇 마리가 푸드덕거리며 갈대밭에서 솟아올랐다.

곧이어 수십 마리의 큰기러기 떼가 정신없이 날아올랐다.

셋은 고개를 들어 하늘을 쳐다보았다. 하늘 높은 곳에 흑두루미 몇 마리가 날개를 활짝 펴며 아래를 내려다보았다.

"휴! 나를 잡아먹으러 오는 줄 알고 깜짝 놀랐잖아."

쿨라가 한숨을 쉬면서 일어났다.

셋은 다시 갈대밭을 따라 걸었다.

"저기 지구인이다."

쿨라가 조금 떨어진 곳에 있는 사람들을 가리켰다. 사람들은 갈대밭을 배경으로 사진을 찍고 있었다.

"어떡하지?"

쿨라가 쎄리얼을 바라보았다.

"모른 척 그냥 지나가자고."

"지구인이 우리를 보면 놀라는 거 아냐?"

쿨라가 가슴을 졸이며 둘을 바라보았다.

"잠시만."

모닐라가 사람들과 쿨라를 번갈아 보면서 살폈다. 키가 조금 작은 것 빼고는 지구인과 큰 차이가 없어 보였다.

"괜찮은 것 같은데. 일단 한번 가 보자."

모닐라가 조용히 얘기하고는 앞장서서 걸었다. 쿨라가 뒤를 따라갔지만, 가슴이 두근두근거렸다. 셋이 아주머니 앞을 지나갈 때였다.

"학생. 학생."

빨간 모자를 쓴 아주머니가 쿨라에게 손짓하며 불렀다. 쿨라는 당황했다. 매직 글라스에는 무슨 뜻인지, 어떤 대답을 해야 하는지 자막이 지나갔지만 쿨라는 아무 말도 할 수가 없었다.

"야, 모른 척하고 앞으로 걸어."

쎄리얼이 속삭이듯 얘기하면서 발걸음을 재촉했다. 셋은 앞만 보고 힘차게 걸었다. 시원한 바람이 솔솔 불었지만, 이마에서 땀이 뚝뚝 떨어졌다. 아주머니 일행은 몇 번 부르다가, 다른 사람을 붙잡고 사진을 찍어 달라고 부탁했다. 셋은 한참을 걸어가다가 주변에 지구인이 없는 것을 확인하고는 멈췄다.

"휴! 다행이야. 지구인이 우리가 학생인 걸 어떻게 알았지?"

"글쎄. 진짜 신기하네?"

쿨라와 쎄리얼은 고개를 서로 갸우뚱거리며 바라보았다.

누런 갈대밭이 끝나자 붉은 칠면초가 펼쳐졌다. 모닐라는 끝없이 펼쳐진 칠면초 군락에서 눈을 떼지 못했다. 가만히 서서 칠면초 군락을 한참 동안 바라보았다.

"예쁘다!"

"야, 빨리 가자. 뭐해."

쎄리얼이 조금 떨어진 곳에서 큰 소리로 불렀다. 둘은 앞만 보고 걷다가 모닐라가 없는 것을 깨닫고 뒤돌아보았다.

"의리 없게 나를 두고 간 거야!"

모닐라가 투덜거리며 달려왔다.

칠면초 군락이 사라지고 넓은 갯벌이 나타났다. 갯벌 뒤에는 잔잔한 바다였다.

갯벌 위에서 이상하게 생긴 물고기들이 정신없이 팔딱팔딱 뛰어다녔다. 엄청나게 많았다. 파란 눈 두 개가 딱 달라붙어 툭 튀어나왔고, 부채처럼 생긴 화려한 지느러미와 직사각형 모양의 지느러미 두 개를 똑바로 세우고 다니며 뭔가를 먹었다. 죽은 동물이 썩으면서 분리된 작은 파편이 바로 유기 쇄설물이었다. 비단짱뚱어는 유기 쇄설물을 먹으며 정신없이 여기저기를 뛰어다녔다. 뛸 때마다 온몸에 불규칙하게 박힌 파란 점무늬가 반짝반짝 빛났다. 화려한 자태를 뽐내는 비단짱뚱어였다.

칠게도 바쁘게 움직였다. 두툼한 앞발 두 개를 들어 갯벌 위에 있는 뭔가를 주워 먹었다. 칠게에게도 유기 쇄설물이 먹이였다. 칠게가 다가오자 비단짱뚱어가 노려보다가 달려들었다. 머리로 몇 번 들이박자 칠게가 잽싸게 옆으로 달아났다.

"보지만 말고, 우리도 한번 들어가 보자."

호기심 많은 쎄리얼이 갯벌 안으로 발을 밀어 넣었다. 발이 쑥 빠졌다. 아무리 발버둥 쳐도 빠져나올 수 없었다. 둘이 달려가 쎄리얼의 손을 잡고 힘차게 당겼다.

"휴! 살았네."

쎄리얼의 허벅지까지 진흙이 묻어 있었다.

"큰일인데. 어떡하지? 여기는 한 발짝도 제대로 움직일 수가 없어."

쎄리얼이 실망한 표정을 지으며 둘을 바라보았다. 쎄리얼 뒤편으로 뭔가 빠르게 지나갔다. 조금 떨어진 곳이지만 분명 사람이었다.

"저, 저것 좀 봐."

### 쎄리얼의 갯벌상식

**갯벌이 만들어지는 조건**

바닷물에 의해 운반되는 퇴적물의 양이 많고, 바닷물의 깊이가 얕으며, 해안을 침식하는 파도의 힘이 약해야 갯벌이 만들어질 수 있어요. 하천에서 토사(흙, 영양 염류, 유기 쇄설물 등)가 흘러 퇴적되어야 하지요. 유기 쇄설물(organic detritus)이란 죽은 동물이 썩으면서 분리된 작은 파편이에요. 간조 때 드러나는 평평한 부분이 넓게 만들어지려면 밀물과 썰물 때 바닷물의 높이 차이, 즉 조차가 커야 하며 모래나 펄이 쌓이는 데 오랜 시간이 걸려요.

모닐라가 뒤편을 가리켰다. 사람들이 나무판처럼 생긴 것을 가지고 갯벌 위에서 움직였다.

"저거 보드 아니야? 지구인은 이런 곳에서 보드를 타는가 봐."

쿨라가 먼 곳을 째려보면서 조심스럽게 입을 열었다. 갯벌에서 꼬막 잡을 때 타고 다니는 뻘배였다. 발이 푹푹 빠지는 뻘밭에서 뻘배를 타지 않으면 한 발자국도 움직일 수 없었다.

"그래, 보드 맞는 것 같아."

쎄리얼이 밝은 표정을 지으며 고개를 끄덕였다.

"그럼, 우리 우주선에 가서 보드 가져오자. 미리 둘러보기를 잘했다."

모닐라가 둘을 보며 경쾌한 목소리로 얘기했다.

## 풍성한 순천 갯벌과 보성 갯벌

쎄리얼과 쿨라, 모닐라 셋은 보드에 붙은 엔진 키트를 분리해 우주선에 두고 갯벌로 다시 나갔다. 물때가 맞았는지, 갯벌에 바닷물이 거의 없었다. 쎄리얼이 먼저 갯벌 위에 보드를 놓았다.

"이렇게 타면 되나?"

쎄리얼이 보드 위에 올라타다가 발라당 자빠졌다. 온몸에 찰흙보다 더 고운 펄이 묻었다. 쿨라가 쎄리얼의 팔을 잡아당겼다.

"너 괴물 같아."

얼굴, 팔, 다리 할 것 없이 온통 펄이 묻어 있었다.

"야, 이건 그렇게 타는 게 아냐. 내가 시범을 보여 줄게."

쿨라가 그럴듯하게 흉내 내며 보드 위에 올라탔지만, '퍽' 하고 옆으로 넘어졌다. 쎄리얼이 펄 범벅인 쿨라를 보며 킥킥 웃어 댔다. 둘은 몇 번이나 보드 위에 올라탔지만, 중심을 잡을 수 없었다.

"어! 저기 지구인이 다가온다."

모닐라가 뻘배를 타고 오는 아주머니를 보고 허겁지겁 소리쳤다. 머리에 수건을 맨 아주머니가 바로 앞까지 다가와 환하게 웃었다.

"느그들 추분데 여근 뭐 할라고 나와부랏냐? 뻘배는 그르케 타는 게 아녀. 잘들 보드라고 잉."

성글성글한 아주머니가 전라도 사투리로 얘기하면서 뻘배 타는 방법을 보여 주었다.

쎄리얼과 쿨라는 매직 글라스에 펄이 묻어 멀뚱멀뚱 바라볼 뿐 아무 말도 할 수 없었다. 모닐라가 낀 매직 글라스에도 아무 자막도 나오지 않았다. 테리가 전라도 사투리를 알아듣지 못했기 때문이다. 셋이 아무 말도 하지 못하고 생글생글 웃기만 하자, 아주머니는 답답하다는 듯 천천히 뻘배에 올라탔다. 모닐라는 아주머니 눈치를 보면서 바닥에 보드를 놓았다.

"옳지옳지. 잘하네 그려."

모닐라는 아주머니 행동을 보면서 그대로 따라 했다. 보드에 무릎을 걸쳐 몸을 올리고, 다른 한 발로 뻘을 밀어냈다. 보드가 천천히 앞으로 움직였다.

"오메, 잘하네. 그라고 뭐시냐. 느그들은 여그 오면서 왠 싼그라쓰를 끼고 나와뿌랐냐?"

"음, 음."

모닐라가 대답을 하려고 잠시 기다렸지만, 매직 글라스에 아무 자막도 나오지 않았다. 셋은 당황한 듯 입을 꾹 다물고 서로 눈치만 살폈다.

"그럼, 자밌게 놀다 가랑게."

셋은 아무 말 없이 고개를 숙이며 인사했다. 아주머니가 생글생글 웃으며 뻘배를 반대편으로 돌렸다. 그러고는 엄청나게 빠른 발놀림으로 금세 사라졌다.

"휴! 깜짝 놀랐네."

모닐라가 긴장했는지 긴 한숨을 내쉬었다.

"모닐라, 너 왜 아무 얘기도 안 해?"

"매직 글라스에 아무 자막도 안 뜨던데?"

모닐라가 매직 글라스를 벗어 다시 한번 살폈다. 전파 수신, 배터리 양, 모든 게 정상이었다.

"나는 매직 글라스에 뭐가 잔뜩 묻어서 하나도 안 보였어."

"나도."

쎄리얼과 쿨라는 매직 글라스를 벗어 깨끗하게 닦았다. 그러고는 보드 위에 천천히 올라갔다.

"모닐라, 네가 먼저 시범을 보여 줘. 지구인이 하는 거 봤지만, 잘 모르겠어."

모닐라가 보드에 올라타고 갯벌 위를 움직였다. 둘은 모닐라를 보면서 똑같이 따라 했다. 보드가 갯벌 위로 천천히 나아갔지만, 아주머니만큼 빠르지 않았다.

갯벌 위에는 비단짱뚱어와 칠게가 너무 많았다. 쎄리얼과 모닐라, 쿨라는 비단짱뚱어와 칠게를 피해 다녔다. 한참을 지나가자, 뻘배를 탄 아주머니들이 모여 있었다. 셋은 아주머니들과 마주치기 싫어 방향을 옆으로 살짝 틀었다.

"뭘 하는 거야?"

쎄리얼이 혼잣말하며 슬쩍 고개를 돌렸다.

아주머니들은 각자 한 대씩 뻘배를 타고 주변을 돌아다녔다. 대충 세어 봐도 열 명이 넘었다. 아주머니들이 꼬막채를 갯벌에 놓고 뻘배와 함께 밀었다. 꼬막채가 바닥을 지나가면서 훑으면 뻘은 빠져나가고 꼬막만 남았다. 꼬막채를 들어 바구니 위에서 털면 꼬막이 떨어졌다. 뻘배 위에 꼬막이 가득 담긴 바구니가 겹겹이 놓여 있었다. 바구니가 꽉

차면, 아주머니들이 뻘배를 몰고 물가에 있는 배로 가져갔다. 조금 떨어진 물가에는 바닥이 평평한 배 한 척이 있었다. 순천 갯벌과 보성 갯벌이 있는 여수만에서는 참꼬막이 많이 잡혔다.

바다 근처라 갯벌 곳곳에 바닷물이 차 있었다.

"아직 멀었어?"

모닐라가 뒤따라가면서 물었다. 한 발로 계속 밀다 보니 다리가 저렸다.

"잠깐만."

쎄리얼이 매직 글라스에 뜬 지도를 보면서 잠시 멈췄다. 그러고는 두리번거리며 주변을 살폈다. 거의 다 온 것 같은데, 별 모양의 통행권이 보이지 않았다.

"악!"

모닐라가 소리치자, 앞에 있던 쎄리얼과 쿨라가 뒤를 돌아보았다.

"무슨 일이야?"

"여기 이상한 게 계속 꿈틀거려. 꼭 우주 괴물 같아."

"뭐! 우주 괴물?"

쎄리얼이 깜짝 놀라며 모닐라에게 다가왔다. 모닐라가 탄 보드 위에 낙지 한 마리가 꿈틀대며 움직이고 있었다. 낙지는 영화에 나오는 우주 괴물과 비슷했다.

"와! 크기만 작지, 생긴 건 진짜 똑같네."

쎄리얼이 잡으려고 손을 내밀었다. 낙지가 꿈틀꿈틀거리며 옆으로 달아나더니, 땅속으로 몸을 밀어 넣고는 사라져 버렸다.

셋은 주변을 돌아다니며 통행권을 찾아보았다.

"이상하다, 분명 여긴데."

쎄리얼은 지도를 다시 보았다. 같은 자리를 몇 번씩 빙빙 돌다가, 테리에게 확인을 부탁했다. 테리는 지금 있는 곳이 목적지라는 말만 반복했다.

"혹시, 물이 들어와서 쓸려 간 게 아닐까?"

쿨라도 정신없이 주변을 살펴보았지만, 별처럼 생긴 통행권을 찾을 수 없었다. 셋은 작은 돌멩이까지 뒤집으면서 주변을 돌아다녔다. 돌멩이마다 낙지가 숨어 있었다.

"괴물이다!"

모닐라가 화들짝 놀라며 뒤로 자빠졌다. 쎄리얼과 쿨라도 낙지를 볼 때마다 "괴물이다!"를 외치며 장난을 쳤다.

매직 글라스에 '경고'라는 문구가 흘러나왔다. 썰물이 들어오니 갯벌에서 빨리 나오라고 테리가 경고했다.

"여긴 없나 봐. 이제 포기하고 나가자."

쎄리얼이 씁쓸한 표정을 지으며 얘기했지만, 모닐라는 바다를 보며 꼼짝도 하지 않았다. 바다에 붉은 노을을 머금은 잔물결이 부드럽게 반짝였다.

"태양이 참 예쁘네."

블루문 행성에는 태양이 없어서, 볼 수 없는 풍경이었다.

"모닐라, 서둘러. 지금 물이 들어온대."

"알았어."

셋은 떨어지는 노을을 등지고 반대쪽으로 다시 이동했다.

## 밀물과 썰물이 일어나는 이유

밀물은 해수면이 높아져 바닷물이 육지 쪽으로 들어오는 것을 말하고, 썰물은 해수면이 낮아지면서 바닷물이 빠져나가는 것을 말해요. 밀물과 썰물은 지구의 자전과 달의 인력(당기는 힘)에 의해 일어나요. 달의 당기는 힘이 강할 때 바닷물이 딸려와 밀물(만조)이 되고, 반대로 달의 당기는 힘이 약해지면 바닷물이 빠지며 썰물(간조)이 되지요.

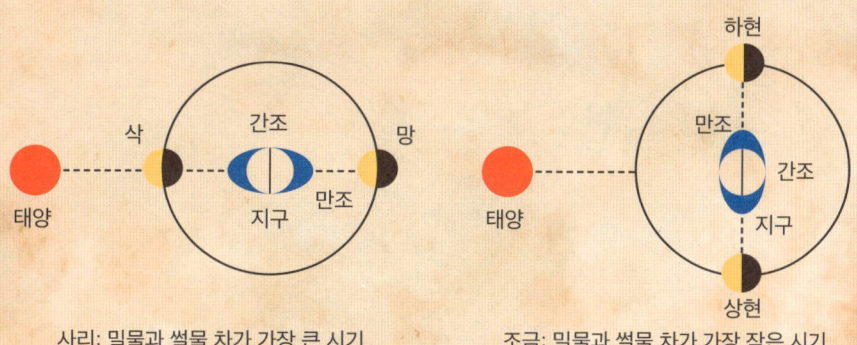

사리: 밀물과 썰물 차가 가장 큰 시기     조금: 밀물과 썰물 차가 가장 작은 시기

하루에 한 번은 달의 인력에 의해, 또 한 번은 지구 원심력에 의해 영향을 받으면서 하루 두 번의 밀물과 썰물이 일어나요. 지구 반대편에서도 같은 현상이 일어납니다. 썰물은 달의 인력과 지구 원심력으로부터 영향을 가장 덜 받는 중간 부분에서 일어나지요.

밀물과 썰물이 일어나는 시간은 일정하지 않고 매일 달라져요. 지구는 하루에 한 바퀴씩 자전하지만, 달은 하루에 약 13°씩 공전하기 때문이에요. 지구가 한 바퀴 돌고 나서 제자리에 오면, 달은 13°만큼 달아나요. 지구가 달이 있는 곳까지 움직이는 데 약 50분이 걸려요. 그래서 밀물과 썰물은 하루에 24시간 50분 간격으로 일어난답니다. 또한 하루 두 번 발생하므로 24시간 50분을 반으로 나눠 보면, 12시간 25분마다 한 번씩 밀물과 썰물이 일어나는 거예요.

## 갯벌이란?

'갯벌'은 '바닷가에 펼쳐진 넓은 벌판'이라는 뜻의 순우리말이에요. 갯벌은 썰물 때(간조) 육지가 되고, 밀물 때(만조) 바다가 되는 땅이에요. 우리나라의 서해안과 남해안은 썰물 때 바닷물이 빠져나가 넓고 평평한 땅을 드러내요. 반대로 밀물 때 바닷물이 들어와 바다로 변한답니다. 갯벌은 주로 해안 경사가 완만하고 밀물과 썰물의 차이가 큰 해안에 오랫동안 퇴적물이 쌓여 만들어져요. 해안의 경사가 완만하고 밀물과 썰물의 차이가 큰 해안에 퇴적물이 쌓여 형성되는 해안 지형 중 하나랍니다.

우리나라의 서해와 남해는 갯벌이 만들어질 수 있는 좋은 조건을 갖췄어요. 평균 수심이 55m 정도로 바다가 얕고, 조수 간만의 차이가 3m~9m 정도로 크며, 여러 강의 하구가 있어 계속해서 흙과 모래 같은 퇴적물이 흘러들어요. 또한 복잡한 지형(리아스식 해안)이 파도의 힘을 약화시켜 퇴적 작용이 활발하게 일어나, 넓고 완만한 갯벌이 형성된 거예요.

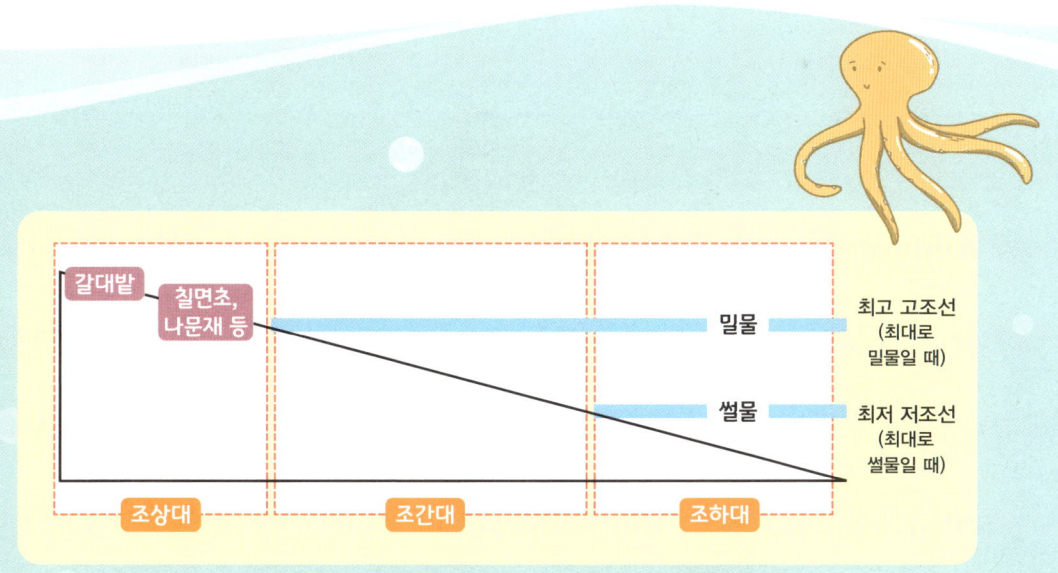

### ★ 갯벌 지형

갯벌은 조상대, 조간대, 조하대로 나뉘어요. 조상대는 최고 고조선 위에서 항상 물 밖에 드러나 있는 부분으로 지속적으로 공기 중에 노출되어 있어요. 갯강구, 총알고둥, 삿갓조개 등이 서식하지요.

조간대는 조하대와 조상대 사이 지형으로, 밀물과 썰물이 바뀌면서 파도가 실어온 퇴적물이 쌓이는 지형이에요. 넓은 조간대에는 따개비, 총알고둥, 삿갓조개, 갈파래, 담치, 전복, 거미 불가사리, 말미잘, 해조류 등 다양한 생물이 살지요.

조하대는 최저 저조선 아래에 위치하여 만조, 간조에 상관없이 항상 물에 잠겨 있어요. 해조류가 서식하기 좋은 환경이지요. 최고 고조선은 바닷물 수위가 제일 높아질 때, 최저 저조선은 바닷물 수위가 제일 낮아질 때를 말합니다.

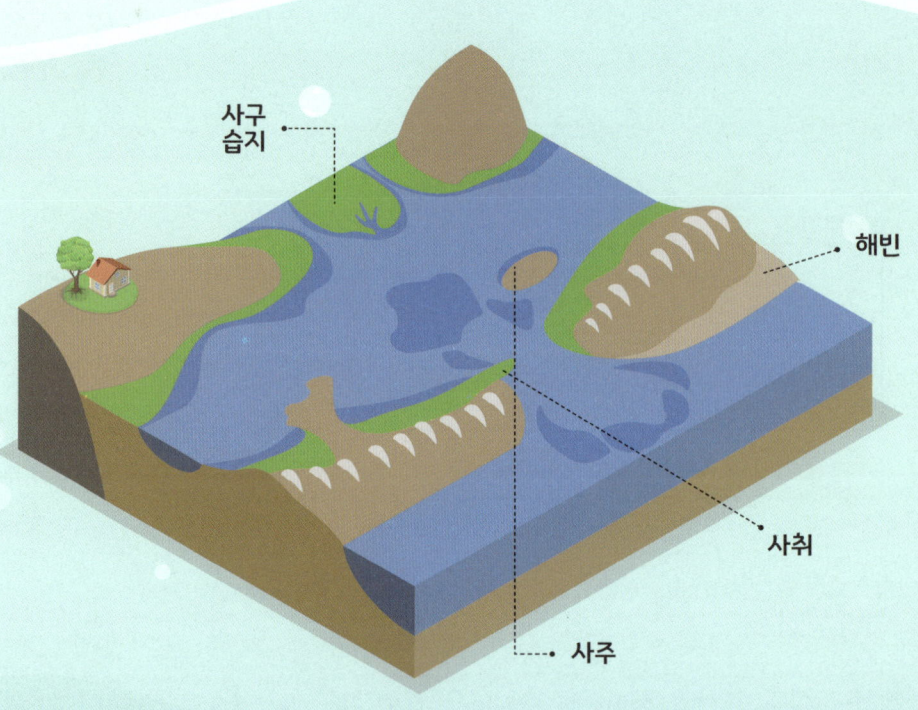

**사구(砂丘)**: 바다에서 육지 쪽으로 강풍이 불 때 모래 해안(사빈, 해빈, 모래사장)의 모래가 육지 쪽으로 이동하다가 식물과 같은 장애물에 걸려 퇴적되어 형성된 모래 언덕을 말해요.

**해빈(beach)**: 해안선 앞바다 쪽에 퇴적된 모래 또는 자갈 부분이 파랑 작용(파도로 인해 생기는 퇴적과 침식 작용)으로 이동하기 시작하는 범위를 의미해요. 해빈은 구성 입자에 따라 모래사장으로 잘 알려진 모래 해빈(사빈)과 자갈 해빈으로 나뉘어요. 일반적으로 알고 있는 해수욕장 해변 모래사장이 바로 해빈이에요.

**사취**: 해안의 모래가 파랑 및 연안류 등에 의해 이동·퇴적되어 한쪽은 육지와 연결되어 있고, 한쪽은 바다 쪽으로 뻗어 나간 모양의 모래 퇴적 지형이에요.

**사주(모래섬)**: 파도나 조류의 작용으로 모래가 강이나 해안의 수면 위에 둑 모양으로 쌓여 있어요.

## ★ 갯벌의 가치

과거에는 갯벌을 쓸모없는 땅으로 여겨 간척 사업이 많이 진행되었어요. 하지만 갯벌의 과학적·생태적 가치가 새롭게 주목받으면서 갯벌의 보전과 복원에 관심이 높아졌지요. 영국의 유명한 과학 잡지 〈네이처(Nature)〉에 따르면 갯벌은 1ha당 약 1만 달러의 가치가 있어요. 농경지보다 100배 이상으로 경제 가치가 높지요. 우리나라 갯벌 면적은 서울의 6배 정도예요. 해양수산부에서도 우리나라 갯벌의 가치를 조사했는데, 1km$^2$당 63억 원의 가치가 있다고 평가했어요.

**한국 갯벌 면적 변화** (단위: km$^2$)

| 연도 | 면적 |
|---|---|
| 1987 | 3203.5 |
| 1998 | 2393.0 |
| 2003 | 2550.2 |
| 2008 | 2489.4 |
| 2013 | 2487.2 |
| 2018 | 2482.0 |
| 2023 | 2550.0 |

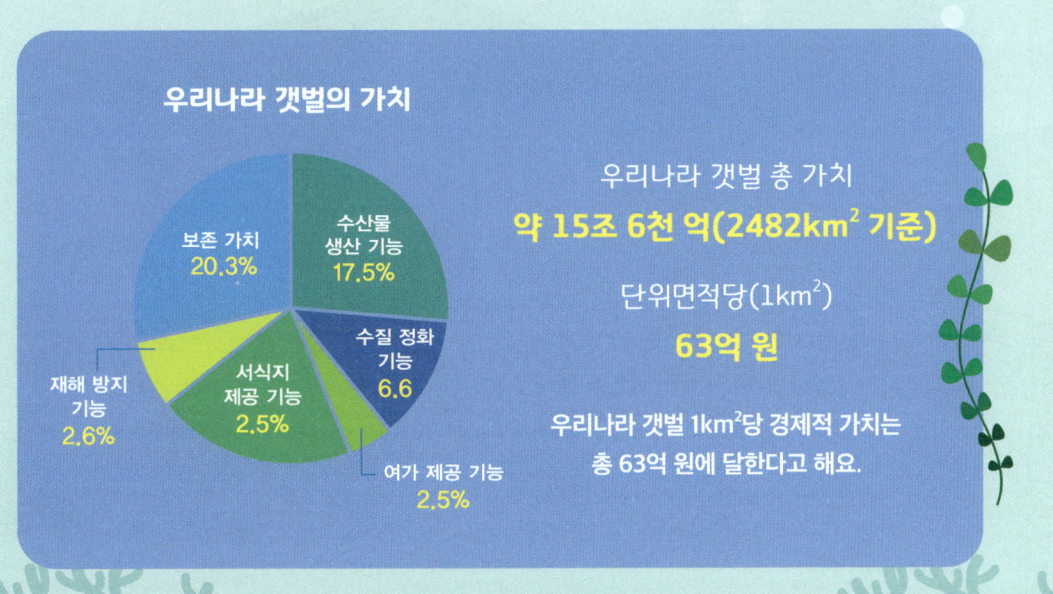

**우리나라 갯벌의 가치**

- 보존 가치 20.3%
- 수산물 생산 기능 17.5%
- 수질 정화 기능 6.6
- 여가 제공 기능 2.5%
- 서식지 제공 기능 2.5%
- 재해 방지 기능 2.6%

우리나라 갯벌 총 가치
**약 15조 6천 억(2482km$^2$ 기준)**

단위면적당(1km$^2$)
**63억 원**

우리나라 갯벌 1km$^2$당 경제적 가치는 총 63억 원에 달한다고 해요.

# 갯벌이 서해안에 많은 이유는 무엇일까?

그런데 갯벌은 왜 서해안에 많이 있나요? 동해안이 물도 깨끗하고 좋은데…….

서해안에는 퇴적물을 실어나르는 강이 많단다. 임진강, 한강, 금강, 영산강 등에서 퇴적물을 서해로 실어나르는 거지.

오, 신기하네요.

그런데 이렇게 흘러온 퇴적물이 파도에 휩쓸려 가지 않고 쌓이려면 어떻게 해야 할까?

파도가 잔잔해야 퇴적물이 차곡차곡 쌓일 것 같아요.

 맞아. 서해안은 복잡한 해안선이 파도를 약하게 만들어 갯벌이 잘 형성된단다.

아, 그래서 하천이 바다로 흐르면서 육지에서 흘러나오는 퇴적물이 서남해에 쌓인다고 들었어요.

 그렇지. 퇴적물이 잘 쌓이려면 수심이 낮고, 조차도 커야 하는데, 서해안은 이런 조건을 두루 갖추고 있지.

그렇구나! 그런데 조차가 뭐예요?

 밀물 때와 썰물 때 수면의 높이 차를 말해. 만이나 해협처럼 막혀 있는 지형의 바다에서 조차가 크지.

\* 서해안은 퇴적물이 많이 흘러들어 오는 데다 퇴적물이 잘 쌓일 수 있도록 파도도 잔잔하고, 수심도 낮으며, 조차도 크답니다. 그래서 우리나라 전체 갯벌의 83%가 서해안에 있지요. 서해안 갯벌은 세계 5대 갯벌 중 하나로 손꼽힌답니다. 서해안 갯벌에는 어떤 갯벌들이 있는지 찾아보고, 친구와 함께 이야기해 보세요.

1장 바다의 박물관, 갯벌

# 빈칸 채우기 퀴즈

어떤 용어인지 알아맞혀 보세요.

보기: 만조, 칠면초, 밀물, 간조, 비단짱뚱어, 썰물

1. (　　)은 바닷물이 빠지는 것이고, (　　)은 바닷물이 들어오는 것을 말해요.

2. (　　)는 하루 중에서 바닷물이 가장 많이 빠지는 때로, 갯벌을 가장 잘 볼 수 있는 시간이에요.

3. (　　)는 하루 중 바닷물이 가장 많이 차는 시간으로, 갯벌이 물에 잠겨 볼 수 없어요.

4. (　　　)는 파란 눈 두 개가 딱 달라붙어 툭 튀어나왔고, 부채처럼 생긴 화려한 지느러미와 직사각형 모양의 지느러미 두 개를 똑바로 세우고 걸어 다니며 유기 쇄설물을 먹어요.

정답: 1. 썰물, 밀물 2. 간조 3. 만조 4. 비단짱뚱어

## 다도해의 갯벌 천국

"테리, 다음 목적지는 어디야?"

이번에는 테리가 음성으로 안내했다. 다음 목적지는 전라남도 신안군 일대였고, 수많은 섬 사이에 목표물이 있었다. 쎄리얼이 힘차게 명령하자, 테리가 다음 목적지까지 우주선을 조정했다.

우주선이 하늘을 날자, 창문으로 노을이 비쳐 들었다. 셋은 창문 아래로 펼쳐진 바다를 보았다.

해가 떨어지고 하늘에 초롱초롱 빛나는 별이 떠 있었다.

"엄마 아빠한테 연락 안 해도 될까?"

모닐라가 별을 보면서 조심스럽게 얘기를 꺼냈다. 화성에 보드 타러 간다고 허락을 받았지만, 지구까지 와 버렸으니 예정보다 하루 이틀 더

길어질 게 분명했다.

"오늘만 지나면 연락해 보자. 괜히 걱정하실 거야."

쎄리얼이 태연하게 얘기했지만, 마음이 무거웠다.

잠시 후 목적지 근처에 다다랐지만, 물때가 맞지 않아 목적지 근처에 내릴 수 없었다. 게다가 주변이 너무 어두워서 내린다고 해도 제대로 찾을 수 없을 만큼 깜깜했다.

"어떡하지?"

쿨라가 입술을 깨물며 쎄리얼을 바라보았다.

"어떡하긴, 조용한 곳에 있다가 날이 밝으면 찾으러 가야지. 테리, 지구인이 없는 조용한 섬 아무 곳이나 안내해 줘."

쎄리얼이 명령하자 테리가 잠시 당황한 듯 아무 대답도 하지 않았다.

"우주선은 낡아도 컴퓨터는 최신형이라고 하더니, 테리 왜 대답을 못 해?"

쿨라가 얘기하면서도 웃음을 참지 못했지만, 테리의 대답을 듣고 조금 미안한 생각이 들었다. 신안 갯벌 근처에는 섬이 천 개가 넘었다. 테리는 적외선과 레이다로 섬 하나씩 조사하는 데 시간이 오래 걸려 빨리 대답하지 못했다.

"뭐! 이곳에 섬이 천 개가 넘는다고?"

쿨라가 깜짝 놀라며 쎄리얼을 바라보았다. 쎄리얼은 미소 지으며 가까운 곳으로 가라고 다시 명령했다. 테리는 근처에 있는 섬 하나를 골라 사람이 있는지 먼저 살펴보고 곧바로 착륙했다.

날이 밝자 셋은 아침을 먹고 우주선 밖으로 나왔다.
"와! 밤에는 몰랐는데, 여기는 곳곳에 섬이 있네."
모닐라가 아래를 바라보면서 큰 소리로 얘기했다. 잔잔한 바다 위에 섬이 둥둥 떠 있었다. 헤아릴 수 없을 만큼 섬이 많았다.

모닐라는 아래를 보면서 갯벌에 관해 얘기했다. 아침 일찍 일어나, 테리에게 이곳에 대해 물어보고 미리 공부했기 때문이다. 모닐라는 선생님처럼 여기저기를 가리키며 둘에게 하나씩 설명해 주었다.

"여기가 그렇게나 오래됐다고?"

둘은 믿지 못하겠다는 듯 얘기를 들으면서 입을 쩍 벌렸다.

"이곳은 약 2만 년 전에 만들어졌어. 지금 이곳도 오래전에는 아마 산이었을 거야. 시간이 흐르면서 물이 들어와 섬이 된 거야."

"와! 모닐라, 진짜 공부 많이 했는데. 역시 모범생이네."

"내가 가면서 또 설명해 줄게. 우리가 지금 가는 목적지도 갯벌이래."

모닐라는 자신이 있다는 듯 방긋 웃으며 목에 힘을 주었다.

"어제 갔던 곳도 갯벌이잖아. 지구에는 갯벌밖에 없어?"

"그건 아니야. 여기가 조금 특수한 지형이래."

"이제 가자. 시간이 다 됐어."

쎄리얼의 매직 글라스에 출발하라는 자막이 지나갔다. 셋은 잽싸게 우주선으로 올라탔다.

쎄리얼이 운전석에 앉아 조종간을 잡다가 잠시 멈칫거렸다.

"어! 연료가?"

쎄리얼은 잘못 봤나 싶어 다시 한번 살폈지만, 연료가 상당히 줄어 있었다.

"큰일이네."

지금 블루문 행성으로 출발한다고 해도 연료가 부족했다. 쎄리얼은 테리에게 다시 계산해 보라고 했지만, 결과는 달라지지 않았다. 지구의 중력과 대기 마찰로 연료 소모가 엄청나게 빨랐다.

쎄리얼은 잠시 고민하다가, 고개를 끄덕이며 주먹을 쥐었다.

"할 수 없군!"

쎄리얼은 아빠에게 연락을 보내고 조종간을 잡았다. 답장이 오려면, 시간이 꽤 걸렸기 때문이다. 지구에서 블루문까지 전파가 가는 데만 6시간 이상 걸렸다.

"일단 연락해 놨으니, 우린 목적지에 가서 빨리 찾아보자."

쿨라가 쎄리얼 어깨를 툭 치며 응원했다.

쎄리얼은 연료를 아끼기 위해 속도를 줄이고, 아주 낮게 비행했다. 파도가 높지 않아 낮게 날아도 우주선에 바닷물이 튀지 않았다. 작은 섬 하나가 보였다. 매직 글라스에 목적지 근처라는 자막이 지나갔다.

"어! 여기도 갯벌이라고 했잖아. 여기는 어제 간 곳과 많이 다른데?"

쎄리얼이 아래를 보며 얘기했다.

"이곳은 파도의 영향을 받아 모래가 많이 흘러 들어온 모래 갯벌이고, 어제 간 곳은 펄 갯벌이야. 아마 목적지 근처도 어제 간 곳과 비슷할 거야."

모닐라가 아래쪽을 가리키며 얘기했다. 중국 쪽으로 향한 섬의 바깥쪽은 모래 갯벌이었다.

섬 한가운데를 지나자, 바다가 나왔다.

"저기 봐. 조금 다르지."

모닐라가 섬 반대쪽 갯벌을 가리켰다.

"진짜, 저곳은 어제 갔던 곳과 비슷한데."

육지를 바라보는 섬의 안쪽은 펄 갯벌이었다.

"띠링띠링 띠링띠링, 전방에 미확인 물체 발견, 자동 운전으로 전환합니다."

갑자기 경고음이 울리면서 테리가 다급하게 얘기했다. 우주선이 속도를 올리며 공중으로 올라갔다.

"툭, 툭."

뭔가 부딪히는 소리에 바깥을 보니. 새 떼였다. 테리는 요리조리 날면서 새 떼를 겨우 피했지만, 몇 마리는 우주선에 부딪히고 말았다.

"테리, 방금 지나간 게 뭐야?"

테리가 철새에 대해 알려 주었다. 봄에는 여름 철새, 가을에는 겨울 철새가 신안 갯벌을 찾아왔다. 이곳에는 철새가 좋아하는 조개, 갯지렁이가 많이 살았다. 엄청나게 많은 철새가 먹고도 충분히 남을 만큼 갯벌에는 많은 조개와 갯지렁이가 살고 있었다.

"테리, 기체에는 이상 없어?"

"네, 특별한 이상은 발견하지 못했습니다."

"휴! 다행이다."

쎄리얼은 긴 한숨을 내쉬면서 착륙할 곳을 찾았다. 이곳 역시 목적지에서 한참 떨어진, 한적한 숲속이었다.

셋은 보드를 챙겨서 산 아래로 내려갔다. 바로 아래가 갯벌이었다.

"잠깐, 여기는 펄이 좀 깊을 거야. 조심해."

갯바닥에 있는 개흙층이 꽤 두꺼웠다. 깊은 곳은 최대 25미터나 되었다.

셋은 보드 위에 몸을 올리고 목적지를 향해 움직였다. 뒷발질해 가며 갯벌 위를 미끄러지듯 나아갔다.

"잠깐, 여기서 오른쪽으로 돌려!"

모닐라가 푹 꺼진 곳을 보고 소리쳤다. 갯벌 사이로 물이 흐르는 조수로였다. 물살이 빨랐고, 뿌연 물길 때문에 깊이도 알 수 없었다. 모르고 건너다가 물에 빠질 수 있는 아주 위험한 곳이었다.

"빙 돌아가야겠네."

셋은 조수로를 피해 다른 길을 택했다. 한참 가다 보니, 갯벌 사이로 길게 뻗은 줄 하나가 보였다. 조금 더 가까이 다가갔다.

"섬인가?"

쿨라가 모래-자갈 선형체를 보며 고개를 갸웃거렸다.

"아, 저거 아침에 봤어. 펄 갯벌 위에 작은 섬처럼 특이하게 쌓여 있지. 저게 전부 모래, 자갈, 조개껍데기가 모인 거래. 다른 곳에서는 보기 힘든 거니까, 잘 봐 둬."

모닐라는 설명을 하면서도 신이 났다. 아침에 공부한 것을 직접 볼 수 있어 기분이 좋았기 때문이다. 셋은 신안 갯벌 위를 지나가며 다양

한 갯벌 지형을 관찰했다.

신안 갯벌에는 펄 갯벌, 모래 갯벌, 혼합 갯벌, 사구, 염습지, 깊은 조수로 등의 다양한 퇴적 지형이 있었다. 세계적으로 찾아보기 힘든 독특한 지형인 모래-자갈 선형체도 있었다.

### 쎄리얼의 갯벌상식

### 갯벌의 종류

갯벌은 퇴적물의 입자 크기에 따라 크게 펄 갯벌, 모래 갯벌, 혼합 갯벌로 나뉘어요. 펄 갯벌은 물살이 느린 바닷가나 강 하구에 주로 발달하며, 찰흙처럼 매우 고운 펄로 이루어져 있어요.

모래 갯벌은 대부분 모래로 이뤄져 있어요. 물살이 빠른 바닷가에 주로 나타나지요.

혼합 갯벌은 펄과 모래가 섞인 갯벌이에요. 펄, 모래, 작은 돌 등 여러 크기의 퇴적물이 섞여 있지요. 대부분 갯벌에서 이 세 가지 유형이 동시에 나타나요. 대체로 육지에 가까울수록 펄 갯벌, 멀수록 모래 갯벌이 나타납니다. 계절, 지형, 조류의 흐름에 따라 여러 가지 형태의 갯벌이 함께 나타날 수도 있어요.

펄 갯벌

혼합 갯벌

모래 갯벌

ⓒ 한국관광공사

## 사람과 생명이 공존하는 곳

쿨라가 조수로를 보며 울상을 지었다.

"또 있어!"

조수로가 있으면 길을 또 돌아가야 했다. 쎄리얼은 손목시계에 대고 테리에게 짜증을 부렸다. 테리가 길 안내를 제대로 하지 않은 것이다. 하지만 테리도 어쩔 수 없다는 변명만 늘어놓았다. 테리에게도 지구가 처음이었기 때문이다.

"이쪽으로 가자!"

쿨라가 이쪽저쪽 고개를 돌려 보더니 오른쪽을 가리켰다. 셋은 물이 흘러가는 방향을 따라 아래로 내려갔다. 갯벌 곳곳에 바닷물이 남아 있어, 보드가 앞으로 쭉쭉 밀려 나갔다.

"어! 저건?"

어제 봤던 비단짱뚱어와 비슷하게 생긴 물고기였다. 자세히 살펴보니 비단짱뚱어보다 조금 작았다. 회백색 몸통에 불규칙한 점무늬도 검은색이고, 솟아 있는 두 개의 등지느러미도 둥근 모양이었다. 말뚝망둥어는 갯벌을 기어 다니다가 펄쩍 뛰어 갯지렁이를 잡아먹었다.

"쟤들은 좀 다르네. 어제 본 물고기는 저런 거 안 잡아먹었잖아?"

비단짱뚱어는 유기 쇄설물을 먹었지만, 말뚝망둥어는 갯지렁이 같은 생물을 잡아먹었다. 갯벌 위에는 수많은 말뚝망둥어가 있었다.

조수로가 끝날 무렵, 모자 쓴 아저씨가 가래를 들고 갯벌 위를 걸어 다녔다. 가래로 시커먼 갯벌 흙을 파내더니 손으로 낙지 한 마리를 건져 올렸다.

"뭐 하는 거지?"

"가 볼래?"

모닐라가 눈을 찡긋거리며 손짓했다.

"지, 지구인한테 가 보자고?"

쿨라가 조금 놀란 듯 눈을 크게 뜨며 물었다. 모닐라가 차분하게 이유를 설명했다. 어제도 지구인을 만났지만, 셋은 당황해서 아무 말도 하지 못했다. 미리 연습해 보면, 지구인을 만나도 당황하지 않을 것 같다는 얘기였다.

"좋아, 가 보자!"

쎄리얼이 고개를 끄덕이며 방향을 돌렸다. 셋은 조심조심 다가갔다. 매직 글라스에 인사말이 흘러갔다.

"안녕하세요."

"어, 그려. 느그들도 낙지 잡으러 왔냐?"

"아뇨. 뭐 잡나 싶어서 구경하러 왔어요."

아저씨가 낙지 한 마리를 들어 보여 주었다. 모닐라는 무서워서 뒤로 한 발 물러났지만, 쎄리얼과 쿨라는 가까이 가서 낙지를 살펴보았다. 문어를 닮았지만, 발이 여덟 개였다. 다리 여덟 개 중에 두 개는 유난히 길었다.

아저씨는 낙지 잡는 법도 알려주었다. 낙지가 숨을 쉬는 구멍인 부럿을 잘 찾는 게 중요했다. 낙지가 숨어 있는 부럿을 자세히 살펴보면 구멍에서 뽀글뽀글 물이 올라왔다. 이런 부럿 속에는 무조건 낙지가 있었다. 가래로 부럿 주변을 조금씩 파다가 마지막에 손으로 낙지를 잡아 올렸다. 이 방법은 오래전부터 해오던 전통적 어업 방식이었다.

"가을 낙지는 누운 소도 일으켜 세운다는 보양식이지. 느그들도 한번 먹어 볼려?"

아저씨가 낙지 한 마리를 잡아 모닐라에게 들이밀었다.

"아! 우주 괴물이다."

모닐라가 깜짝 놀라며 뒤로 달아났지만, 몇 발자국 가지도 못했다. 질퍽거리는 갯벌이라 도망치기도 쉽지 않았다.

셋은 아저씨 뒤를 졸졸 따라다니며 낙지 잡는 것을 보았다. 잠시 따라다녔지만, 금세 한 바구니를 채웠다.

다시 목적지를 향해 출발했다. 한참을 갔지만, 끝이 보이지 않았다.

"여기 좀 신기한 것 같지 않니? 땅을 팔 때마다 뭐가 나오잖아."

모닐라가 고개를 갸웃거리며 얘기를 먼저 꺼냈다. 어제는 꼬막 캐는 아주머니를 보았고, 오늘은 낙지 잡는 아저씨를 만났다.

"여긴 먹을 게 많은가 봐. 우리도 식량 떨어지면, 땅을 파서 먹을 것 찾으면 되겠다."

쿨라가 삽질하는 흉내를 내면서 대답했다.

"여긴 사람보다 우주 괴물이 더 많은 것 같아. 히히!"

모닐라가 장난을 치듯 웃으며 얘기했다.

한참을 가도 갯벌이었다. 한쪽 다리가 저려 더는 보드를 밀기도 힘들었다. 쎄리얼이 테리에게 목적지까지 갈 수 있는 다른 길을 찾아보라고 얘기하자, 테리가 금방 다른 길을 알려 주었다.

"섬 쪽으로 올라가자. 조금 돌아가지만, 걸어서 갈 수 있는 길이 있대."

셋은 바로 앞에 보이는 증도로 올라갔다. 여기도 칠면초가 알록달록 붉은색을 뽐내며 무리를 지어 있었다.

"캬! 이렇게 걸으니 얼마나 좋아? 섬 끝에 가면 길이 있대."

셋은 칠면초를 보면서 경쾌하게 걸었다. 길 반대편에는 소금을 만드는 천일염전이 있었다. 큰 백지에 반듯하게 줄을 그어 놓은 듯 네모난 염전이 다닥다닥 붙어 있었다.

"모닐라, 이곳은 뭐 하는 곳이야?"

쿨라가 염전을 가리키며 물었다.

"여긴 잘 모르겠는데. 테리한테 물어봐."

모닐라는 갯벌에 관해서만 공부해서 염전에 대해서는 아무것도 몰랐다. 테리가 염전을 찾아보고, 자료를 매직 글라스에 보여 주었다.

천일염은 햇볕과 바람으로 바닷물을 말려 만든 소금으로, 미네랄 성분이 많은 건강한 소금이었다. 서해안 갯벌에는 천일염전이 많았다.

"와! 이게 전부 소금밭이란 말이지?"

쎄리얼은 바다 근처까지 이어진 천일염전을 보며 혀를 내둘렀다.

"저긴가?"

쎄리얼이 깃발을 높이 세우며 바다를 가리켰다. 그러고는 고개를 갸웃거렸다.

"이상하네. 다른 길이 없는데."

쎄리얼은 혼잣말하면서 앞으로 조금 뛰어갔다. 가까이 갈수록 조금씩 길이 보였다.

"찾았어. 빨리 와!"

쎄리얼이 활짝 웃으며 빨리 오라고 손짓했다.

쿨라와 모닐라도 노두길을 보며 깜짝 놀랐다. 이틀간 갯벌을 돌아다녔지만, 이렇게 반듯한 길은 처음이었다. 갯벌 사이에 놓인 노두길은 바닷물이 올라오면 길이 사라지고, 바닷물이 빠지면 나타나는 신기한 길이었다. 노두길은 증도와 화도 사이를 이어 주었다. 지금은 시멘트로 포장을 해 놓았지만, 오래전에는 작은 돌을 수없이 쌓아 만들었다.

셋은 노두길을 천천히 걸었다. 아직 물이 차지 않은 갯벌에는 수많은 게와 망둥어가 정신없이 돌아다녔다.

"이제 다 왔어."

쎄리얼이 중간에서 왼쪽으로 고개를 돌렸다. 바로 앞이 화도였다.

"자, 이쪽으로."

쎄리얼이 먼저 갯벌로 뛰어들었다. 얼마 가지 않아 목적지에 도착했다. 하지만 잃어버린 별 모양의 통행권은 찾을 수 없었다.

"여기도 아닌가?"

셋은 주변을 샅샅이 뒤졌지만, 별 모양의 통행권을 찾을 수 없었다. 셋은 포기하고 다시 우주선으로 발길을 돌렸다. 가는 길에 아빠에게서 연락이 왔다. 어디 있는지 정확히 알려주면, 바로 출발하겠다고 했다. 쎄리얼은 테리에게 다음 목적지를 물어보고, 아빠에게 연락했다.

## 세계 5대 갯벌

① 캐나다 동부 연안 갯벌: 바다표범 서식지로 유명해요.
② 미국 동부 조지아 연안 갯벌: 넓은 해안 염습지가 발달해 있어요.
③ 아마존 하구 갯벌: 강 하구에 약 1600km의 갯벌이 있어요.
④ 북해 연안 갯벌: 물새, 물개, 바다표범의 서식지로 해조류와 영양염류가 풍부해요.
⑤ 한국 서해안 갯벌: 완만한 경사에 얕은 수심, 큰 조차 등 갯벌 발달의 모든 요건을 갖추고 있어요. 해산물이 풍부해 많은 조류가 서식하며 주요 철새 이동 경로 중 하나지요. 2021년 유네스코 세계 유산에 한국의 갯벌이 선정되었답니다.

# 유네스코 세계 유산에 등재된 한국의 갯벌

★ 보성·순천 갯벌

보성 갯벌과 순천 갯벌은 하나의 유산 구역으로 설정되어 유네스코 세계 유산으로 인정받았어요. 보성 갯벌과 순천 갯벌은 모두 만으로 둘러싸인 반폐쇄형 갯벌이에요. 순천 갯벌은 여자만 내부를 반시계형으로 흐르는 조류에 의해 형성된 갯벌이에요. 동

◎ 보성 갯벌(전남 벌교읍 대포리, 장암리, 장도리, 호동리 일원) ⓒ 보성군청

◎ 순천 갯벌(전남 순천시 대대동 일원) ⓒ 순천시

천·이사천에서 흐르는 담수의 영향으로 형성된 넓은 염습지가 있지요. 보성 갯벌은 금강에서 서해로 흘러나온 부유 퇴적물이 조수를 타고 흘러와 장도를 중심으로 20개의 섬 주변에 쌓인 펄 갯벌이에요.

보성-순천 갯벌은 펄 입자가 매우 곱고 미세한 퇴적물이 쌓여 있어요. 갯벌 퇴적층이 미약하게 나타나 섬 갯벌의 진화 형태를 잘 보여 줍니다. 보성 갯벌은 펄이 누런색을 띠어요. 검푸른색인 다른 펄과 색이 다른 이유는 펄 속에 식물성 플랑크톤이 많기 때문이지요.

## ★ 신안 갯벌

신안 갯벌은 전 세계에서 가장 두꺼운 개흙층(평균 25m)이 쌓여 있는 갯벌이에요. 섬, 조류, 계절풍 등 다양한 요인으로 형성되어 수많은 생물의 서식처, 섭식처, 휴식지로 활용되고 있지요. 펄 갯벌, 모래 갯벌, 혼합 갯벌, 사구, 염습지, 깊은 조수로 등 다양한 퇴적 지형과 모래-자갈 선형체라는 특이 퇴적체를 관찰할 수 있어요. 신안 갯벌에는 천 개가 넘는 섬이

◯ 신안 갯벌(전라남도 신안군 일대)
ⓒ 위키백과

있어요. 1억 년 전, 화산 활동에 의해 생성된 암석들이 섬이 되었지요. 철새 이동로의 주요 기착지로 90종 약 54,000개체의 물새가 신안 갯벌을 방문해요. 알락꼬리마도요, 붉은 어깨도요를 비롯해 댕기물떼새, 흰죽지, 노랑부리백로, 검은머리갈매기 등의 새들이 먹이를 먹고 번식하기 위한 최적의 장소랍니다.

## ★ 고창 갯벌

바다 쪽을 향해 뻗은 개방형 갯벌인 고창 갯벌 안쪽에는 펄 갯벌이 넓게 분포해 있어요. 대륙성 몬순기후의 영향으로 겨울철에는 혼합 갯벌이 안쪽으로 들어오면서 펄의 면적이 줄어들지만, 여름철에는 다시 넓게 확장돼요. 폭풍으로 펄 갯벌 위에 조개 껍질과 모래가 쌓여 형성된 특이한 퇴적 지형인 셰니어(chenier), 염습지, 암반 서식지 등 지형·지질학적인 다양성을 가지고 있지요.

고창 갯벌은 겨울 철새와 여름 철새가 중간에 쉬어 갈 만큼 먹이가 풍부한 곳이에요. 황새, 넓적부리, 검은머리갈매기, 멸종 위기종인 붉은발말똥게, 대추귀고등, 흰발농게, 서해비단고둥 등 다양한 생물이 살고 있지요. 펄 갯벌에는 칠게, 농게, 모래 갯벌에는 갯지렁이, 동죽이 많고, 물새 떼가 군집으로 서식하고 있어요. 염습지에서 자라는 염생식물, 전 세계 1종 1속만 존재하는 범게, 살아있는 화석인 개맛도 고창 갯벌에 산답니다.

◎ 고창 갯벌(전라북도 고창군 심원면, 부안면, 흥덕면 일대) ⓒ 고창군 문화유산관광과

## ★ 서천 갯벌

서천 갯벌은 금강 하구의 유부도와 대죽도 등 15개의 크고 작은 섬이 있는 하구형 갯벌이에요. 겨울철, 유부도 북쪽 지역은 강한 계절풍의 영향으로 사구, 해빈, 사취, 모래 갯벌이 두드러지게 나타난답니다. 서천 갯벌은 유네스코 세계 유산으로 선정된 우리나라 갯벌 중 기초 생산성이 가장 높아서, 많은 생물이 살 수 있는 다량의 먹잇감을 제공해요. 금강에서 흘러든 영양염류 때문이지요. 어류, 기타 수산생물 및 무척추동물 등 총 95종의 저서동물이 서식하며, 갈대, 해홍나물, 칠면초, 갯쇠보리 등의 염생식물이 자랍니다. 특히 모래 갯벌에는 백합, 동죽, 황해비단고둥, 갯지렁이가 높은 밀도로 서식하기 때문에 멸종 위기에 처한 검은머리물떼새, 넓적부리도요, 은머리물떼새, 도요물떼새 등 각기 다양한 취향을 가진 물새에게 좋은 먹잇감을 제공해요.

◯ 서천 갯벌(충청남도 서천군 장항읍 유부도 일원에서 서면·비인면·종천면 일대)
© https://blog.naver.com/openchampion/222494142740

# 다른 나라는 갯벌을 보호하기 위해 어떤 노력을 하고 있을까?

 갯벌이나 습지를 잘 보존하는 나라도 많이 있나요?

독일 갯벌은 남한 갯벌 면적의 2배가 넘는데, 20여 년 전부터 갯벌을 국립공원으로 지정해서 보호하고 있단다.

 와, 진짜요? 우리도 통일이 되면 큰 갯벌을 가질 수 있을 텐데.

갯벌만 크면 뭐 하니? 독일처럼 보존을 잘해야지.

 독일에서는 갯벌을 등급을 나누어 보호하고 있단다. 이곳에 들어가려면 안내자와 함께 정해진 길로만 다녀야 해.

그렇게까지 갯벌 생물을 배려하다니……. 무분별하게 굴이나 바지락을 캐는 우리하고는 비교되네.

네덜란드도 독일만큼 갯벌을 소중하게 생각한다고 들었어요.

 네덜란드는 갯벌을 매립해 농지와 담수호를 만들었다가, 담수호가 오염되면서 생태계가 파괴되는 바람에 간척지를 다시 습지로 돌려놓기로 했단다.

 네! 다시 습지로 돌려놨다고요?

 제방을 허물지 않는 대신 흘러드는 강물을 그냥 둬서 물이 찬 습지로 변하게 한 거지. 현재 네덜란드에서 농지를 다시 습지로 되돌리고 있는 곳은 20여 곳이나 된단다.

 바다를 정복했던 사람들이 이제는 바다와 함께 살아야 한다는 사실을 깨달았군요.

\* 독일과 네덜란드 외에도 법으로 갯벌을 지키는 미국, 갯벌 올림픽을 여는 일본, 바다표범 서식지로 유명한 캐나다 등 세계 여러 나라에서 갯벌을 살리기 위해 다양한 노력을 기울이고 있습니다. 세계 5대 갯벌을 비롯해 다른 나라들이 갯벌을 어떻게 보호하고 있는지 조사해 보고 친구와 함께 이야기해 보세요.

## 초성 퀴즈

각각 무엇을 설명하고 있는지 초성 힌트를 보고 빈칸을 채워 보세요.

1. 이 식물은 뿌리에서 산소를 방출해요. 이런 작용을 통해 식물 뿌리 근처에 있는 미생물의 유기물 분해를 돕는답니다. 특히, 오염된 물 속에 있는 납, 구리, 카드뮴 등을 흡수하여 뿌리에 저장하기 때문에 바다로 깨끗한 물을 흘려보내 준답니다.

2. 모래 퇴적체로 입자가 큰 모래와 조개 조각으로 이뤄져 있어요. 해안선을 따라 평행하게 긴 모양으로 생긴 특이한 퇴적 지형이지요. 겨울이 되면, 강한 폭풍에 의해 모양이 조금씩 변한답니다. 고창 갯벌에서만 볼 수 있는 특이한 퇴적 지형입니다.

3. 죽은 동물이 썩으면서 분리된 작은 파편을 말해요. 비단짱뚱어가 좋아하는 먹이예요.

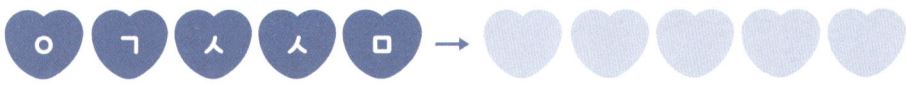

정답: 1. 갈대, 2. 쉐니어, 3. 유기쇄설물

위이잉—.

새만금 갯벌, 테리가 알려 준 예전 모습이 아니네.

우주선으로 돌아가자.

3장

생명의 보고,
고창 갯벌

## 셰니어가 움직이는 고창 갯벌

 마지막 목적지는 충남 서천군 장항면에 있는 서천 갯벌이었다. 쎄리얼은 우주선에 타자마자 목적지를 확인하고 조종간을 잡았다. 테리에게 운전을 맡기면 연료 소모가 많아 바람을 타고 천천히 날아갈 생각이었다. 높은 곳으로 올라가 바람을 찾았다. 북쪽으로 바람이 불어왔다. 우주선을 바람에 실었다.
 "띠링띠링 띠링띠링."
 아빠에게 연락이 왔다. 연료를 구해도 충전할 방법이 없어, 큰 우주선을 타고 지구로 오겠다는 소식이었다. 큰 우주선을 구하는 데 시간이 걸려 출발이 늦어졌다. 일찍 도착해도 30시간 정도는 걸릴 것 같으니 시간을 잘 맞추라는 얘기였다.

"앗싸! 우리 아빠 최고!"

쎄리얼은 아빠의 연락을 받고 마음이 놓였다.

"어! 쎄리얼, 조심해."

쿨라가 앞을 가리키며 소리 질렀다. 동시에 테리가 경고음을 날렸다.

"띠링띠링 띠링띠링."

바로 앞에 아주 큰 날개가 빙빙 돌아갔다. 전남 영광 풍력발전소에서 전기를 생산하기 위해 돌리는 풍력 터빈이었다.

우주선을 바람에 실은 것이 잘못이었다. 쎄리얼은 조종간을 재빨리

잡고 우주선을 옆으로 틀었다. 아슬아슬하게 거대한 날개를 피했다. 하지만 풍력 터빈은 또 있었다. 우주선은 요리조리 피하다가 겨우 풍력단지를 벗어났다.

"휴! 다행이다."

쎄리얼 손에 땀이 가득했다. 거대한 터빈 날개에 부딪히면, 바로 추락이었다. 쿨라와 모닐라는 멀미를 했는지, 얼굴이 노랗게 떠 있었다.

"찬 바람 좀 쐬면 좋겠어."

"조금만 기다려. 목적지가 얼마 안 남았어."

쎄리얼도 조금 당황했는지 이제 조종간에서 손을 떼지 않았다.

"띵동. 새로운 정보가 올라왔습니다."

테리가 안내 방송을 하면서 화면에 새로운 사진을 띄웠다. 진짜 잃어버린 통행권과 똑같았다.

"어! 통행권이다."

전방 30km 앞에서 찾은 물체로, 목적지까지 가는 경로상에 있었다.

"어떡해? 내려서 확인해 볼까?"

"시간이 돼?"

"어차피 아빠가 오려면 시간이 좀 걸리잖아. 가는 길이니까, 잠시 내려서 찾아보자. 통행권을 찾으면, 이제 고생이 끝나잖아."

"좋아좋아."

모두 찬성하며 손뼉을 쳤다. 쎄리얼은 목적지를 다시 수정했다. 몇 분 안에 도착할 수 있는 거리였다. 갯벌이 보이기 시작했다. 쎄리얼은 주변을 둘러보며 적당한 곳을 찾았지만, 마땅한 장소가 보이지 않았다.

착륙한 곳은 산이라 부르기에는 너무 초라했다. 작은 언덕 같은 곳에 우거진 나무 몇 그루가 서 있었다. 나무가 많아 조종이 쉽지 않았다. 큰 나뭇가지 몇 개를 부러뜨리며 우주선을 겨우 착륙시켰다.

"어디 고장 난 곳은 없을까?"

쿨라가 내리며 조심스럽게 묻자, 테리가 아무 이상이 없다고 대답했다. 셋은 내리자마자 나뭇가지로 우주선을 가렸다.

산책로를 따라 걸어가자. 고창 갯벌 식물원이 있었다. 갯벌의 시작을 알리듯 갈대밭도 있었다. 바람에 갈대가 싸락싸락 소리를 내며 춤을 추었다. 갈대밭을 지나가자 곳곳에 퉁퉁마디, 해홍나물, 나문재, 갯개미취가 있었다.

"갯벌에서 자라는 식물은 모두 비슷한가 봐?"

모닐라가 염습지에서 자라는 염생식물을 보면서 얘기했다.

염습지가 끝나고 갯벌이 시작됐다. 순천 갯벌, 신안 갯벌과 달리 고창 갯벌은 발이 푹푹 빠지지 않았다. 게다가 사람들이 트랙터를 타고 갯벌을 돌아다녔다.

"어! 여긴 땅이 좀 딱딱한데? 여긴 보드가 필요 없겠어."

"맞네. 그럼, 저기에 보드 숨겨 놓고 갔다 오자."

쿨라가 칠면초 군락을 가리켰다. 셋은 염습지로 뛰어가 칠면초 사이에 보드를 숨겼다. 그리고 다시 갯벌로 들어갔다. 펄 갯벌만큼 푹푹 빠지지는 않았지만, 바닥이 돌처럼 딱딱하지도 않았다.

고창 갯벌은 펄 갯벌, 혼합 갯벌, 모래 갯벌이 차례로 이어져 있었다. 이러한 지형은 계절에 따라 조금씩 바뀌었다. 겨울에는 혼합 갯벌이 안으로 들어가면서 펄 갯벌이 줄어들었고, 여름에는 뒤로 물러나며 펄 갯벌이 늘어났다. 모두 바람의 영향이었다.

"저기 물이 없는 곳이 있네. 저쪽으로 가자!"

쿨라가 조금 떨어진 곳에 있는 모래 언덕을 가리켰다. 셋은 보물섬이

라도 발견한 듯 재빨리 뛰어갔다. 고창 갯벌에서만 볼 수 있는 셰니어(chenier)라는 모래 퇴적체였다.

셋은 주변을 살피며 셰니어가 끝나는 곳까지 편하게 걸어갔다.

"이제부터 또 갯벌이네."

바닷물이 조금 고여 있었지만, 혼합 갯벌이라 바닥은 딱딱했다.

갯벌 곳곳에 아주머니들이 있었다. 앉아서 뭔가 캐는 사람도 있었고, 서서 갯벌을 돌아다니는 사람도 있었다.

"앉아서 뭘 잡는지는 대충 알겠는데, 서서 걸어 다니면 뭘 잡을 수 있을까?"

쿨라가 이쪽저쪽 고개를 돌리면서 알쏭달쏭한 말을 던졌다.

"야, 너 지구에 며칠 있다 보니, 갯벌 박사가 다 됐네? 그렇게 궁금하면, 가서 물어보면 되지."

모닐라가 말을 끝내며 입을 쭉 내밀었다. 궁금하면 빨리 갔다 오라는 뜻 같았다.

"알았어. 금방 다녀올 테니까, 빨리 가지 마."

쿨라가 피식 웃으며 앉아 있는 아주머니 쪽으로 달려갔다.

"우리는 저쪽으로 가자, 어차피 같이 가야 하잖아."

쎄리얼과 모닐라는 쿨라가 뛰는 것을 보고는 반대쪽으로 걸어갔다.

넓은 갯벌 위에서 아주머니들이 쪼그리고 앉아 물총조개라 불리는

## 염생식물

염생식물이란, 소금기가 있는 땅에서 잘 자라는 식물을 말해요. 갯벌, 강 하구의 연안 습지, 해안 모래언덕(사구), 염전, 간척지 등에서 볼 수 있어요. 주요 염생식물에는 갈대, 갯잔디, 갯메꽃, 갯방풍, 나문재, 칠면초, 퉁퉁마디, 순비기나무, 해홍나물, 통보리사초, 좀보리사초, 갯쑥부쟁이 등이 있어요.

염생식물은 육지에서 흘러드는 오염 물질을 정화해서 바다로 보내요. 또한, 뿌리를 넓게 뻗어 육지와 갯벌이 만나는 곳을 파도에 쓸려가지 않게 유지해 줘요. 염생식물이 자라는 곳은 해수와 담수 서식지의 바닥에 사는 저서생물의 서식처가 되며, 철새에게는 먹이와 은신처를 제공해 주지요.

염생식물 중 하나인 갯질경이(왼쪽)와 퉁퉁마디(오른쪽)

동죽을 잡았다. 동죽은 전체적으로 하얗고 배가 볼록 튀어나왔다. 껍질에는 나이테 같은 검정색 띠가 있었다. 긁게로 긁기만 하면 동죽이 나왔다. 갯벌을 몇 번만 긁으면 한 바구니가 금세 찼다. 바구니가 찰 때마다 손수레를 든 아저씨가 동죽을 트랙터 뒤에 달린 화물칸으로 옮겼다.

고창 갯벌에는 바지락조개도 많았다. 바지락도 동죽과 같은 방법으로 잡았다. 바지락은 갈색 껍질에 부챗살 무늬가 선명하고 중간에 어두운 줄이 선명한 조개였다.

쎄리얼과 모닐라는 서 있는 아주머니들을 따라다녔다. 아주머니들은 갯벌 위를 걸어 다니며 백합을 잡았다. 백합 잡는 도구가 특이했다. 지게를 뒤집어 놓은 것처럼 생긴 그레를 허리춤에 묶고 갯바닥을 긁듯 지나가면 백합이 걸렸다. 딱 소리가 나면 작은 백합이고, 퍽 소리가 나면 큰 백합이 걸렸다.

백합은 붉은 갈색빛을 띤 줄무늬가 있는 조개였다. 맛이 좋아 조개의 여왕이라 불렸다. 예전에는 서해안 곳곳에서 백합을 잡을 수 있었다. 하지만 새만금 방조제가 생긴 뒤, 전북에서 백합을 캘 수 있는 유일한 곳은 고창 갯벌뿐이었다.

"얘들아. 나 조개 잡았어."

쿨라가 신이 나는지 어깨를 덩실덩실 흔들며 뛰어왔다. 그러고는 제법 큰 동죽 하나를 내밀었다.

"네가 잡은 거야?"

모닐라가 신기한 듯 두 눈을 크게 뜨고 동죽을 살펴보았다.

"그래. 그리고 짜잔!"

쿨라는 다른 한 손에 있는 갈퀴를 보여 주었다.
"시간 남으면, 내가 직접 조개를 잡아 줄게. 히히."
쿨라가 자랑하듯 갈퀴를 올려 보이며 흔들었다.

"잠깐만 기다려 봐."
쿨라가 조개 껍데기를 잡고 한참 동안 씨름을 했다. 끝끝내 동죽 껍데기가 열리지 않았다.

## 태곳적 신비를 간직한 고창 갯벌 체험

"여기에 잃어버린 통행권이 있다고?"

셋은 앞을 보면서 갸웃거렸다. 갯벌치고는 조금 이상했다. 며칠 동안 갯벌을 돌아다녔지만, 이런 곳은 처음이었다.

갯벌 곳곳에 나무 작대기를 꽂아 놓고, 서로 줄을 연결해 놓았다. 줄마다 기다란 대를 엮은 발이 달려 있고, 발에는 머리를 풀어놓은 듯 기다란 김이 다닥다닥 붙어 있었다. 바닥에 꽂힌 작대기가 수없이 많았다. 얼핏 봐도 천여 개는 넘을 듯했다. 김 양식장이었다.

"여기 들어가야 해?"

쿨라가 김 양식장에서 일하는 사람을 가리키며 조용히 얘기했다.

"그래도 살펴봐야지."

쎄리얼이 들릴락 말락 하게 얘기하며 조심스럽게 안으로 들어갔다. 셋은 도둑고양이처럼 눈치를 살피며 통행권을 찾았다.

"뭐여?"

저편에서 누군가 고함치며 달려왔다. 김 양식장 주인이었다.

"이놈들, 여기는 김밭이여. 들어오면 안 돼!"

머리가 허연 노인이 소리치며 달려왔다.

"여기서 뭐 찾을 게 있는데요."

쎄리얼이 차분한 목소리로 부탁하듯 얘기했지만, 노인은 막무가내로 쫓아냈다.

"어떡하지?"

"주변이라도 찾아보자."

셋은 아쉬운 표정을 지으며 주변을 돌아다녔다. 몇 번을 돌아다녔지만, 별 모양의 통행권을 찾을 수 없었다. 김 양식장 안을 제대로 살피지 못한 게 조금 아쉬웠다.

수확을 앞둔 김밭이라 노인은 얼씬도 못 하게 앞에서 감시했다. 두 달 뒤인 12월에 햇김이 나오기 때문이었다.

고창 갯벌에서 김을 키우는 방법은 독특했다. 다른 곳에서는 김이 일 년 내내 바닷속에 잠겨 있었다. 하지만 고창 갯벌에서 키우는 지주식 김 양식은 바닷물이 들락날락했다. 밀물 때는 잠기고, 썰물 때는 물 밖으로 나왔다. 이런 식으로 김이 자라다 보니, 자연스럽게 햇볕을 받고 바닷바람을 맞았다.

셋은 할 수 없이 발길을 돌렸다. 쎄리얼은 화가 났는지, 표정이 좋지 않았다.

"테리, 너무한 거 아냐?"

쎄리얼은 목소리를 키우며 테리에게 화풀이했다. 테리는 할 말이 없는지, 대답이 없었다. 연료라도 충분했다면, 공중에 떠서 아래를 관찰하며 목표물을 놓치지 않았겠지만, 지금은 어쩔 수 없는 상황이었다.

"쎄리얼, 참아."

모닐라가 다가가 위로해 주었다.

셋은 갯벌 위에 찍힌 발자국을 따라 천천히 걸었다. 갯벌 위에 작은 게들이 정신없이 돌아다녔다.

"우리, 조개 잡을까?"

쿨라가 경쾌한 목소리로 얘기하며 긁게를 들어 올렸다.

"그래, 시간도 될 것 같은데."

모닐라도 미소를 지으며 맞장구쳤다. 갯벌을 며칠 돌아다녀 보니, 바닷물이 들어오고 빠지는 시간을 느낌으로 알 수 있었다. 빨리 가 봤자, 물때가 맞지 않으면 갯벌에 들어갈 수 없었다.

쎄리얼이 고개를 들어 하늘을 쳐다보았다. 해가 머리 꼭대기 위에 떠 있었다. 쎄리얼이 잠깐 생각하다가 테리에게 물때를 물어보았다. 몇 시간 정도는 여유가 있었다.

"그래, 여기서 잠깐 쉬었다 가자."

"좋아좋아! 내가 조개 많이 잡아 줄 테니까 조금만 기다려. 오늘 저녁에는 조개를 맛있게 구워 먹자!"

쿨라가 갯벌 위에 쪼그리고 앉았다. 그러고는 긁게를 가지고 갯벌을 파냈다.

"야, 나 진짜 조개 잡는 사람 같지?"

몇 번 긁지도 않았는데 바지락 몇 개가 나왔다. 쿨라가 바지락을 흔

들며 소리쳤다.

"와! 진짜 잘 잡네."

모닐라가 쪼르르 달려가서 쿨라가 잡은 바지락을 살펴보았다.

시원한 바닷바람이 쎄리얼의 코끝을 스쳐 지나갔다. 상쾌한 바람에 기분이 조금 나아졌지만, 아직도 마음이 불안했다. 통행권을 찾을 수 있을까? 아빠가 제대로 찾아올 수 있을까? 이런 생각을 하자 머리가 또 아팠다. 쎄리얼은 고개를 세차게 흔들며 복잡한 생각을 털어냈다. 고개를 돌려 먼바다를 보며 마음을 다잡았다.

모닐라는 쿨라 옆에 있다가 자기도 모르게 고개가 돌아갔다. 갯벌 위에는 정말 많은 생물이 있었다.

"귀엽게 움직이네."

서해비단고둥이 모닐라 앞을 느릿느릿 지나갔다. 원뿔형 껍데기에 동그란 원이 뱅글뱅글 돌아가면서 가운데로 갈수록 줄어드는 무늬가 앙증맞았다. 서해비단고둥은 세계자연보전연맹에서 지정한 멸종 위기종이다.

서해비단고둥이 움직일 때마다 모닐라 눈길이 따라갔다. 조금 떨어진 곳에 죽은 물고기 시체가 있었다. 벌써 냄새를 맡았는지, 엄청나게 많은 왕좁쌀무늬고둥, 좁쌀무늬고둥, 서해비단고둥이 죽은 물고기에 딱 달라붙어 있었다.

"애들은 죽은 물고기를 먹네."

갯벌의 장의사가 모여 죽은 시체를 깨끗하게 치워 주는 것 같았다.

모닐라는 다른 곳으로 눈길을 돌렸다. 조금 떨어진 곳에 작은 구멍이 있었다. 조금 더 가까이 다가갔다. 구멍 속에서 물이 들락날락했다.

"이 속에는 뭐가 있을까?"

조개가 뿜어내는 바닷물이었다. 바지락 같은 조개는 바닷물을 여과해주는 자연 정수기였다. 바지락은 물에 떠다니는 식물성 플랑크톤을 먹는다. 갯벌 속으로 들어가 출수관을 밖으로 내밀고 먹이를 먹으면서

바닷물도 같이 빨아들이고 내뱉는다. 이렇게 먹고 뱉어낼 때마다 맑은 물이 나온다.

주변에 꽤 많은 구멍이 있었다. 고창 갯벌에는 헤아릴 수 없이 많은 조개가 살았다.

모닐라가 갯벌 바닥을 살펴보는 동안, 쎄리얼은 갯벌 위에 있는 새와 눈을 맞췄다. 조개가 많은 곳에는 언제나 새가 따라다녔다. 새들은 잠시도 쉬지 않고 갯벌에 부리를 쪼아 댔다. 먹이를 잡기 위해서였다.

검은머리물떼새는 하루에 300마리도 넘는 조개류를 잡아먹고, 붉은

발도요는 4만 마리 이상의 옆새우류를 잡아먹는다. 붉은가슴도요 역시 730마리 이상의 대양조개류를 먹어 치운다고 한다. 이 정도 먹어 치우려면 갯벌에 조개와 갯지렁이가 정말 많아야 한다.

봄에는 여름 철새가 고창 갯벌에 찾아온다. 가을에는 겨울 철새가 이곳을 찾는다. 몇천 킬로미터를 날아가는 철새는 중간쯤인 고창 갯벌에 들러 먹고 쉬면서 체력을 보충해서 다시 날아간다. 먼 거리를 가는 도중에 잠시 머물다 가는 나그네새였다.

"와! 엄청나게 많이 모여 있네."

쎄리얼이 흰물떼새 무리를 보았다. 수백 아니 수천 마리도 넘는 것 같았다. 이마와 정수리 사이에 검은 띠가 있고, 뒷머리부터 등, 꼬리까지 갈색이었다. 앞가슴이 하얘 흰물떼새라는 이름이 붙었다. 흰물떼새는 겨울에는 시베리아에 살다가 봄·여름에 이곳에 들른다.

"야, 이쪽으로 와 봐!"

쿨라가 소리치며 둘을 불렀다. 쎄리얼과 모닐라가 쿨라에게 달려갔다.

"봤지?"

쿨라가 백 마리도 넘는 바지락을 보여 주었다.

"이렇게 많이 잡은 거야? 그런데 이거 어떻게 가져갈래?"

모닐라 얘기에 쿨라는 할 말이 없었다. 바지락을 담을 곳이 없기 때문이었다.

"그냥 두고 가자. 내가 보기에 이거 주인은 따로 있어."

"누군데?"

쎄리얼이 물가에 모여 있는 새 떼를 가리켰다.

"알았어. 그냥 가자."

셋은 우주선이 있는 쪽을 향해 다시 출발했다.

"와! 저 새 정말 예쁘다!"

갈대밭 가운데로 흐르는 강가에 황새가 무리를 지어 놀았다.

"몇 마리야?"

쿨라가 장난치듯 손가락으로 황새를 헤아렸다.

"52마리까지 셌는데, 자꾸 움직이니까 정확하게 셀 수가 없네."

황새는 몸 전체가 흰색이고, 날개깃은 검은색, 눈 주위와 다리는 붉은색인 멋쟁이였다. 긴 다리로 성큼성큼 걸어가며 작은 물고기를 잡아먹었다. 멸종 위기종으로 고창 갯벌에 가장 많이 찾아왔다.

## 갈대의 정화 역할

육지와 경계를 이루는 상부 지역에 갈대가 주로 서식해요. 갈대군락은 수질 정화, 폐기물 처리 등 환경 정화 기능을 수행하지요. 그뿐 아니라 황새, 재두루미, 흑두루미, 저어새 등 겨울 철새들의 집단 서식지예요.

갈대는 뿌리에서 산소를 방출해요. 이런 작용을 통해 식물 뿌리 근처에 있는 미생물의 유기물 분해를 돕는답니다. 특히, 갈대는 구리, 카드뮴, 납 등을 흡수하여 뿌리에 저장하기 때문에 나쁜 물질이 땅 밖으로 나오지 않아요.

갈대밭에는 방게가 많이 살아요. 방게는 땅굴을 파서 구멍 안에 사는데, 밀물이 들어오면 구멍이 무너져요. 갈대숲은 하루 두 번 밀물 썰물이 오가므로 방게는 하루 두 번 땅굴을 파서 집을 짓지요. 방게의 땅굴 파기는 해저 퇴적물을 아래에서 위로, 위에서 아래로 자연스럽게 옮기면서 오염 물질을 깨끗하게 만들어 줘요.

## 갯벌에는 어떤 생물이 살고 있을까?

늪, 호수, 바다 등 밑바닥에서 사는 동물을 저서동물이라고 해요. 저서동물은 생물 계통에 따라 다음과 같이 분류됩니다.

### ★ 생물 계통에 따른 저서동물의 분류

| | |
|---|---|
| 환형동물문의 갯지렁이류 | 참갯지렁이, 흰이빨참갯지렁이, 두토막눈썹참갯지렁이, 바위털갯지렁이, 털보집갯지렁이, 괴물유령갯지렁이, 제물포백금갯지렁이 등 |
| 연체동물문의 조개류와 고동류 | 백합, 피조개, 고막, 바지락, 가무락, 맛조개, 동죽, 개량조개, 굴, 홍합, 참고둥, 큰구슬우렁이, 대수리, 낙지, 주꾸미 등 |
| 절지동물문의 갑각류 | 대하, 보리새우, 밀새우, 꽃게, 민꽃게, 밤게, 칠게, 농게, 쏙, 쏙붙이, 따개비, 바위게 등 |
| 그 외 | 측해변말미잘, 담황줄말미잘, 바다선인장, 바다조름류, 히드라충류 등 |

저서동물 중에서 눈으로 볼 수 있는 1mm 이상 크기의 생물을 '대형 저서생물'이라고 해요. 대형 저서생물은 여러 종류가 있어요.

| | | | |
|---|---|---|---|
| 해면동물 | 모양이 없음 | 두족류 | 문어, 낙지 |
| 자포동물 | 산호, 말미잘과 같이 자포를 지닌 동물 | 갑각류 | 게, 바닷가재 |
| 이매패류 | 바지락, 대합 | 환형동물 | 갯지렁이 |
| 복족류 | 전복, 고둥 | 극피동물 | 성게, 불가사리, 멍게 |
| 그 외 | 저서성 어류, 대형 갈조류 같은 해조류, 잘피와 같은 해양식물 등 | | |

## ★ 갯벌이 섞이지 않는 이유는? - 갯벌의 생물 교반

저서동물은 갯벌에서 살면서 굴진(굴 모양을 이루면서 땅을 파 들어감), 잠행(남몰래 움직임), 포복(엎드림), 굴착(땅이나 암석 등을 파고 뚫음), 먹이 섭취, 배설 활동 등을 해요. 이런 활동을 통해 갯벌 위아래에 있는 퇴적물이 섞이거나 합쳐지는 생물 교반(혼합)이 이뤄집니다.

저서동물은 바닥의 표층 퇴적물에 서관(동물이 몸을 보호하기 위해 몸 밖으로 분비하여 만드는 구조물)이나 땅굴을 뚫어 활동해요. 서관이나 땅굴을 통해 신선한 물이 아래까지 자연스럽게 흘러들어 옵니다. 저서생물이 먹이 활동(입수관) 또는 배설 활동(출수관)을 할 때도 물의 순환과 교환이 촉진돼요. 이런 활동의 결과로 산소가 녹아 있는 신선한 물이 갯벌 아래까지 스며들며 토양이 섞이지 않아요.

갯벌 아래로 들어가면, 색이 조금씩 달라져요. 연한 황갈색의 산화층에는 다양한 저서 생물이 서식하며 생물 교반이 이뤄져요. 만약 저서동물의 생물 교반이 없다면, 갯벌의 산화층은 산소가 없는 환원층으로 금세 바뀔 거예요. 하지만 저서생물의 원활한 생물 교반으로 인해 갯벌은 산화층을 계속 유지하며 많은 생명이 살 수 있는 좋은 환경을 유지하지요.

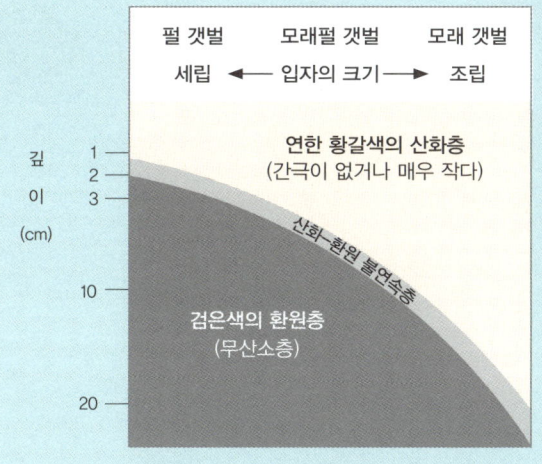

## ★ 갯벌 생물의 역할

**바닷물을 여과하는 자연 정수기-조개와 갯지렁이**

조개나 갯지렁이는 물에 떠다니는 먹이(부유물질)를 촉수나 점액질의 호흡 기관을 이용하여 잡아요. 입수관을 통해 물이 들어오고 나가면서 바닷물을 깨끗하게 해 주지요. 홍합 한 개체가 하루 약 50리터 정도의 물을 빨아들이고 내뱉는다고 해요.

바지락은 아가미 표면에 있는 섬모를 움직여 입수관으로 물을 빨아들여요. 바닷물과 함께 먹이가 들어오면, 먹이를 아가미 점액으로 감싼 뒤 먹는답니다.

○ 홍합    ○ 바지락

### 갯벌의 청소부-게와 고둥

갯고둥, 민챙이나 엽낭게, 달랑게, 칠게, 넓적콩게 같은 게류는 갯벌에 있는 유기물을 먹어 치워요.

엽낭게는 모래 속에 있는 유기물질을 먹고 난 후, 동글동글한 구슬을 주변에 뱉어요. 먹이 활동을 하면서 아래 흙을 위로 옮겨놓기 때문에 땅속으로 신선한 공기가 들어가면서 갯벌이 섞이지 않게 해 주지요. 엽낭게는 하루에 자기 몸무게의 최대 수백 배에 이르는 모래를 정화해 준답니다.

◐ 엽낭게

### 갯벌의 장의사-고둥

왕좁쌀무늬고둥, 좁쌀무늬고둥, 서해비단고둥 등은 조개류나 게 등의 시체를 먹어 치워요. 그래서 갯벌의 장의사로 불리기도 하지요.

◐ 고둥

## 갯벌, 개발해야 할까, 보존해야 할까?

너희들, 새만금 방조제가 갯벌을 메워서 만든 거라는 걸 알고 있니?

네. 새만금 지구 갯벌 개발 문제로 정부와 환경 단체, 어민들 사이에서 다툼이 있었다고 들었어요.

새만금은 옥구 갯벌, 만경 갯벌, 동진 갯벌, 부안 갯벌을 통틀어 부르는 이름이란다.

서울시 면적의 2/3에 이르는 면적이 육지로 바뀌었다던데, 그럼 더 많은 공간을 활용할 수 있고 좋은 거 아녜요?

갯벌을 막아 땅을 넓히는 간척 사업은 도시 발전에 도움을 주지만, 갯벌이 사라지면서 수질이 나빠져 심각한 환경오염을 일으킨단다.

그럼 간척 사업으로 훼손된 갯벌을 예전의 모습으로 되돌릴 방법은 없나요?

한번 훼손된 갯벌을 되돌리는 건 아주 어려운 일이란다.

갯벌을 매립해서 만든 시화호도 악취가 진동해 복구하는 데 20년이나 걸렸다고 들었어요.

* 갯벌을 간척하면 영토가 넓어지고, 넓어진 땅을 개간하거나 신도시를 지어 사용할 수 있는 국토의 양을 늘릴 수 있어요. 갯벌 간척에 찬성하는 사람들은 한국은 국토의 70%가 산으로 이루어져 있어 사용할 수 있는 국토가 적으며, 갯벌은 실질적으로 사용할 수 없으므로 보호할 필요가 없다고 주장하지요. 하지만 갯벌이 사라지면 녹조 현상으로 환경이 오염되어 해양 생태계가 위험에 처할 수 있어요. 자연 정화 능력을 잃어 다양한 생물이 살 곳을 잃게 되죠.
여러분은 갯벌 개발을 찬성하나요, 아니면 갯벌을 보존해야 한다고 생각하나요? 생각을 정리해서 부모님, 친구들과 함께 토론해 보세요.

# 십자말 풀이 퀴즈

설명을 보고 빈칸에 알맞은 단어를 넣어 보세요.

### 가로 열쇠

1. 밀물 때는 물에 잠기고, 썰물 때는 물 밖으로 드러나는, 모래, 진흙 등으로 이루어진 편평한 땅이에요.
2. 소금을 만들어 내는 밭이에요.
4. 문어과의 하나로 몸길이는 70cm 정도이며, 몸은 몸통, 머리, 그리고 여덟 개의 다리로 구분돼요. 칠게, 달랑게 같은 게 종류를 먹습니다.
5. 많은 양의 흙, 모래, 자갈 등을 밀어내는, 금속 날이 장착된 트랙터예요.
6. 옥구 갯벌, 만경 갯벌, 동진 갯벌, 부안 갯벌을 통틀어 부르는 이름이에요. 간척 사업으로 갯벌이 사라지고 방조제가 세워졌지요.

### 세로 열쇠

1. 갯벌, 바위 밑, 해초, 산호초 등에 흔히 서식하는 지렁이를 말해요.
3. 우리나라에서 갯벌이 가장 많은 서해안이 자리 잡고 있는 지역이에요. 우리나라 갯벌의 약 44%를 차지하지요.
7. 바닷물의 높이가 가장 낮은 때인 간조와, 바닷물의 높이가 가장 높은 때인 만조를 아울러 이르는 말이에요.

정답

가로 열쇠: 1. 갯벌 2. 염전 4. 낙지 5. 불도저 6. 새만금
세로 열쇠: 1. 갯지렁이 3. 전라남도 7. 간만

## 새들의 안식처

서천 갯벌은 멀지 않은 곳에 있었다. 새만금을 넘어 군산 앞바다를 지나갈 때, 아빠에게 연락이 왔다. 18시간 뒤, 태양계에 진입한다는 소식이었다. 전파가 도달하는 6시간을 빼면, 12시간 뒤 도착한다는 뜻이었다.

쎄리얼은 마음이 불안했다. 남은 시간 동안 통행권을 꼭 찾아야 했기 때문이다.

"너무 걱정하지 마. 여기가 마지막인데 있겠지."

쿨라가 쎄리얼을 바라보며 따뜻한 말로 위로했다.

"맞아. 우리 찾을 수 있을 거야."

모닐라가 힘차게 얘기하며 쎄리얼을 바라보았다. 쎄리얼은 고개를 끄덕이며 입술을 꼭 깨물었다. 이번에는 꼭 통행권을 찾고 싶었다.

"3분 뒤 도착 예정입니다."

안내 방송이 나왔다. 셋은 편안하게 자리에 앉아 안전띠를 단단히 조였다.

"띠링띠링 띠링띠링, 전방에 정체불명의 비행 물체가 출현했습니다."

경고음과 동시에 우주선이 오른쪽으로 급하게 움직였다. 위로 올라가더니 잠시 후, 수평을 잡았다.

"뭐지?"

쎄리얼은 아래를 쳐다보았다. 북쪽에서 남쪽으로 내려오는 철새였다.

"저 아래 새 떼 좀 봐. 엄청나게 많아."

쿨라와 모닐라가 아래를 내려다보았다. 하늘을 까맣게 메운 듯 많은 새가 정신없이 남쪽으로 날아갔다. 아래에 강이 보였다. 바다로 흘러가는 금강이었다. 강 중간에는 새만금에서 본 갑문과 비슷한 금강 하구둑이 있었다.

"아래 좀 이상하지 않아?"

쿨라가 금강 하구둑을 보고 강 쪽으로 고개를 돌렸다.

"뭐가?"

"아래에 새가 많잖아."

　새만금과 달리 금강 하구둑 근처에는 많은 새가 날아다니며 물고기를 잡아먹었다. 물 위에도 많은 새가 둥둥 떠다녔다.

"맞네."

"여기는 뭔가 살아 있는 듯 생기가 넘쳐!"

　모닐라도 아래를 보며 고개를 끄덕였다.

　금강을 따라 아래로 내려갔다. 오른쪽은 충남 서천군 장항읍이고, 왼쪽은 군산시였다. 우주선은 금강을 가로지르는 다리를 지나갔다. 오른쪽에 항구가 있었다. 장항항이었다. 이제 강이 끝나고 바다가 시작한 듯 작은 고깃배들이 뿡뿡 소리 내며 힘차게 앞으로 나아갔다. 왼쪽에는 제법 큰 항구가 있었다. 군산항 부두에는 아주 큰 배가 서 있고, 조금 떨어진 곳에서 더 큰 배가 서서히 들어왔다. 수출용 자동차를 싣는 배였다. 7만 5천 톤짜리 운반선은 자동차 8천 대를 한 번에 실을 수 있었다. 쿨라가 자동차 운반선을 보며 입을 쩍 벌렸다.

군산항을 지나자 유부도가 가물가물 보였다.

"저기 좀 봐."

모닐라가 강 한가운데를 가리켰다. 모래와 진흙이 쌓인 모래톱 위에 엄청나게 많은 검은머리물떼새가 모여 있었다. 고창 갯벌에서 봤던 흰물떼새보다 덩치가 훨씬 컸는데, 머리가 검고 부리는 붉었다.

"도대체 몇 마리야?"

헤아릴 수 없을 만큼 많았다. 검은머리물떼새는 전 세계적으로 만 마리도 남지 않았지만, 유부도에는 삼천 마리가 넘게 모인 적도 있었다.

작은 모래톱 위에 한 무리의 새 떼가 또 날아들었다. 긴부리마도요였다. 검은머리물떼새보다 훨씬 덩치가 컸다. 이름처럼 부리가 아주 길었다. 비좁은 모래톱 위를 긴 다리로 성큼성큼 내디디며 갯벌 위를 쪼아 댔다.

재갈매기는 자리가 없어 바다 위를 둥둥 떠다니며 눈치를 살폈다. 유부도는 조류의 천국이었다. 많을 때는 5만여 마리의 새가 머물며 먹고, 쉬고, 알을 낳아 새끼를 키울 정도로 풍족하고 평화로운 곳이었다.

"조심해!"

쿨라가 앞을 가리키며 얘기했다. 새가 날아오르면, 우주선과 충돌할 수 있기 때문이었다. 쎄리얼은 조종간을 잡고 오른쪽으로 방향을 틀었다. 목적지인 서천군 비인면 장포리로 가려면 여기서 방향을 바꿔야 했다.

조금 더 날아갔다. 목적지 근처였다. 쎄리얼은 마을 뒤편에 있는 수

풀에 우주선을 착륙시켰다. 셋은 우주선을 숨기고 갯벌로 내려갔다.

"여기서 꼭 통행권을 찾아야 할 텐데!"

쎄리얼이 갯벌을 바라보며 혼잣말을 했다.

"저기 작은 섬 보이지. 바로 저기서 조금만 더 가면 목적지야."

쎄리얼이 할미도를 가리키며 천천히 걸었다. 앞에 보이는 섬이 바로 할미도였다. 아직 물이 덜 빠졌는지, 딱딱한 바닥에 바닷물이 고여 있었다. 이곳은 펄과 모래, 작은 돌이 고루 섞여 있는 혼합 갯벌이라 바닥이 딱딱했다. 갯벌에 물결 모양이 남아 있었다. 혼합 갯벌은 물이 빠질 때, 자연스럽게 물결 자국이 남았다.

할미도는 아주 작은 섬이었다. 큰 바위 몇 개가 섬의 전부였다.

"너희들은 누구냐?"

그곳에 있던 아저씨가 아래에서 셋을 쳐다보았다.

"저희요? 저, 저……."

쿨라가 얼떨결에 대답했지만 둘러댈 말이 없었다.

"아, 독살 보러 왔구나. 이쪽으로……."

아저씨가 반갑게 얘기하며 손을 흔들었다.

"독살요?"

쎄리얼이 잠시 머뭇거리다가 물었다.

"독살 안에 든 물고기 보러 온 거 아냐?"

"네. 맞아요."

눈치 빠른 모닐라가 손뼉을 치며 잽싸게 대답했다.

작은 호수 같은 곳이 있었지만, 육지 쪽으로 뻥 뚫려 있었다. 작은 돌로 어른 키보다 높은 담을 말굽[U] 모양으로 쌓아 만들었다. 길이도 꽤 길었다. 독살 둘레가 100m도 넘어 보였다. 독살은 물고기를 잡기 위해 옛날부터 이어온 전통적인 방법이었다.

"모양이 좀 특이하네요."

"고기 잡는 방법도 특이하지."

아저씨가 독살의 원리를 설명해 주셨다.

밀물 때, 물이 들어오면서 물고기가 독살 안으로 들어온다. 썰물이

되면 물은 빠져나가지만, 독살 안의 물고기는 나갈 수 없는 독특한 구조였다.

"와! 정말 신기해요."

"이것 좀 보렴."

아저씨가 뜰채를 들어 담벼락 아래에 넣었다. 손바닥보다 큰 전어가 올라왔다.

"저도 한번 해봐도 돼요?"

"그래."

쿨라가 독살 안으로 내려갔다. 바닷물이 무릎까지 차올랐지만, 뜰채를 잡고 독살 안에서 천천히 움직였다. 밴댕이 몇 마리를 잡았다.

"앗싸! 물고기다."

쎄리얼이 몇 번이나 눈치를 줬지만, 쿨라는 재미있는지 독살 안에서 나오지 않았다. 결국 쎄리얼이 안으로 들어가 쿨라를 데리고 나왔다. 셋은 아저씨와 인사를 하고 다시 바다 쪽으로 걸어갔다.

## 갯벌에서 물고기나 조개를 잡을 때 쓰는 도구

**뜰망**: 독살의 얕은 물에 모여 있는 물고기를 떠서 잡는 도구예요.
**굵게**: 갯바닥을 긁어 백합을 캐는 도구예요. 대나무 손잡이에 거꾸로 세운 V자 형태의 나무틀을 만들어 붙인 형태랍니다.
**가래**: 낙지를 잡을 때 사용하는 삽과 유사한 모양의 도구예요. 삽보다 삽날이 좁아요.
**맛창**: '맛'이라 불리는 조개를 잡는 도구예요. 길이 40cm에서 80cm 사이의 기다란 어망이지요.
**뻘배**: 뻘에서 이동하는 도구예요. 사람이 들어가도 될 정도로 폭과 길이가 넉넉해요.
**써개**: 철사 끝을 구부려 갈고리 모양으로 만든 뒤 맛조개가 서식하는 구멍에 집어넣어 철사 끝의 고리로 맛조개를 걸어서 잡는 도구예요.

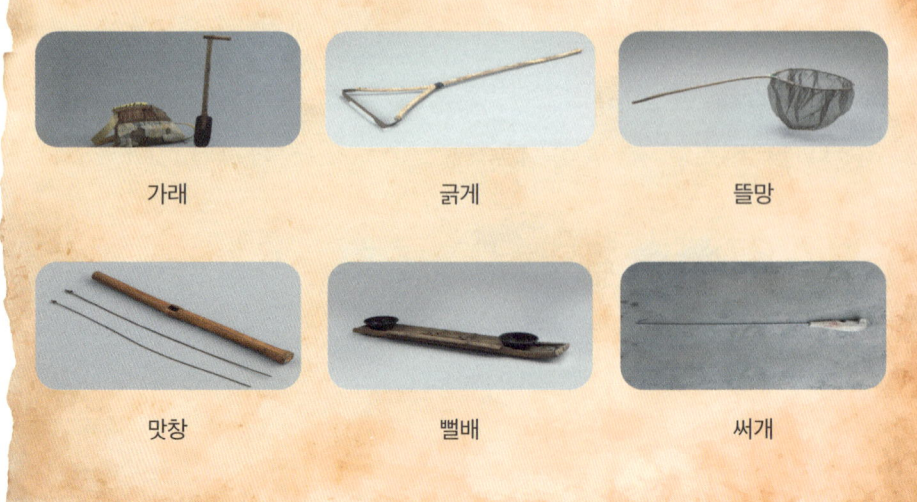

가래 / 굵게 / 뜰망
맛창 / 뻘배 / 써개

## 아낌없이 베푸는 풍요의 땅

"또 뭘 잡는 거지?"

쎄리얼과 모닐라, 쿨라는 할미섬 뒤에 있는 작은 섬 근처에서 아주머니 세 명을 만났다. 모두 손에 길쭉한 것을 들고 갯벌 위를 걸어 다녔다. 쿨라는 싱글벙글 웃었다. 갯벌에서 누군가를 만날 때마다 기분이 좋아졌기 때문이다.

쿨라가 인사하면서 먼저 다가갔다.

"안녕하세요. 여기서 뭐 잡으시는 거예요?"

쎄리얼과 모닐라는 쿨라를 보며 기가 막혔다. 이제는 겁 없이 지구인에게 먼저 다가갔기 때문이었다.

아주머니 손에 들린 것은 써개라는 도구였다. 써개는 철사같이 길게 뻗은 쇠막대기 끝에 'ㄱ(기억)'자 모양의 고리가 있었다. 써개로 구멍을 쿡 찌르면 맛조개가 올라왔다.

"와! 신기한데요."

땅을 찌를 때마다 맛조개가 나오는 게 너무 신기했다.

"이거 어떻게 잡아요? 한번 해봐도 돼요?"

쿨라가 애교를 부리며 다가가자, 아주머니는 맛조개 잡는 방법을 알려 주었다. 갯벌에는 구멍이 많지만, 맛조개가 사는 곳은 조금 달랐다. 구멍 주변에 아무 흔적도 없이, 구멍만 뚫려 있는 곳에 맛조개가 있었다.

쿨라는 써개를 들고 갯벌을 돌아다녔다. 수없이 구멍을 찔러도 맛조개가 올라오지 않았다.

"잘 안 잡혀요!"

쿨라가 얼굴을 찌푸리며 애원하듯 얘기했다. 아주머니가 히죽히죽 웃으며 다가와 배낭에서 맛소금을 꺼내 주었다.

"구멍에다가 이것을 조금씩 뿌려 보아라. 이게 더 쉬울 게다."

구멍에 맛소금을 뿌리면, 맛조개는 바닷물이 들어오는 줄 알고 밖으로 나오기 때문이었다.

쿨라는 맛소금 병을 들고 다니며, 구멍마다 뿌려 대기 시작했다. 구멍에서 길쭉한 맛조개가 쑥 올라왔다.

"오! 잡았다."

"그게 맛이여."

"맛요?"

이곳 사람들은 맛조개를 '맛'이라 불렀다.

"야! 안 갈 거야?"

쎄리얼이 뽀로통한 표정을 지으며 쿨라를 노려봤다.

"미안 미안."

쿨라가 아주머니에게 써개와 맛소금통을 돌려주고 바로 뛰어왔다. 목적지 근처였다.

"이제 마지막이니까, 흩어져서 잘 찾아보자."

셋은 두 눈을 크게 뜨고 갯벌 위를 천천히 돌아다녔다. 갯벌 위에서 수많은 생물이 돌아다녔다. 알록달록 비단 물결 무늬를 뽐내는 황해비단고둥이 돌아다녔고, 큰구슬우렁이는 자기 덩치보다 더 큰 조개를 잡아먹었다. 큰구슬우렁이는 하루 평균 바지락 5개를 먹어 치울 정도로 식성이 좋았다.

"맛있게 생겼군!"

쿨라는 큰구슬우렁이를 보고 군침을 흘렸다. 지구인이 좋아하는 골뱅이가 바로 큰구슬우렁이였다.

"얘들아, 이것 좀 봐!"

모닐라 목소리가 다급했다. 쎄리얼이 먼저 뛰어갔다. 모닐라가 별불가사리를 가리켰다. 별처럼 오각형 모양에 온몸이 파란색이었다. 몸통 곳곳에 노란색 얼룩이 있었다.

"이건!"

쿨라가 불가사리를 들어 보았다. 잃어버린 통행권과 앞면은 아주 비슷했지만 뒤가 너무 달랐다.

"어떡하지? 지금까지 우리가 이걸 찾으러 다닌 거야?"

모닐라가 쎄리얼을 보면서 힘없이 고개를 저었다.

"어떡하긴, 이거라도 그냥 들고 가야지."

쎄리얼이 힘없이 고개를 저으며 쿨라에게 손을 내밀었다. 테리를 원망하고 싶었지만 그럴 힘도 남아 있지 않았다.

"가자!"

셋은 다시 우주선으로 향했다. 모두 발걸음에 힘이 없었다.

해가 지자, 하늘에 수많은 별이 초롱초롱 반짝였다. 셋은 저녁을 배터지게 먹고 우주선 밖으로 나왔다. 밖에서 하늘을 보며 쎄리얼 아빠를 기다렸다. 얼마나 큰 우주선을 가지고 오는지 두 눈으로 직접 보고 싶었다. 쿨라와 모닐라도 자기 집에 연락했다.

쎄리얼 아빠가 탄 우주선이 지구로 들어왔다. 엄청나게 큰 우주선이 서해를 지나 쎄리얼이 있는 곳까지 날아왔다.

"와! 진짜 크네."

셋은 큰 우주선을 보고 난 뒤, 해리 42호에 올라탔다. 큰 우주선이 공중에 머물며 화물칸 문을 열었다. 해리 42호가 천천히 우주선 안으로 들어갔다.

"아빠!"

쎄리얼이 아빠를 보며 뛰어갔다. 쿨라와 모닐라도 공손히 인사했다.

"그래그래. 지금 레이다에 이상한 게 잡혔어. 지구를 빨리 떠나야 해!"

아빠가 인사를 받는 둥 마는 둥 하면서 운전석으로 뛰어갔다. 우주선 안에 경고음이 요란하게 울렸다.

우주선은 전속력으로 지구를 빠져나갔다. 아빠가 레이다를 다시 한 번 보았다. 따라오던 비행물체가 포기했는지, 다시 방향을 바꾸며 레이다에서 사라졌다. 요란했던 경보음이 더 이상 울리지 않았다.

"휴! 다행이네. 조용히 왔다가 조용히 사라지는 게 제일 편하지, 서로 마주치기라도 하면, 귀찮은 일이 생기거든."

아빠가 혼잣말하면서 조종간을 놓았다. 블루문 행성까지 자동 운전으로 변경했다.

"통행권은 찾았니?"

아빠가 땀을 닦으며 고개를 돌렸다. 쎄리얼은 잠시 멈칫거렸다. 바지 호주머니에 넣은 별불가사리를 보여 줘야 할지 말아야 할지 고민했기 때문이다.

"네. 찾았어요."

쿨라가 툭 끼어들며 자신 있게 얘기했다.

"다행이구나, 혹시나 해서 임시 통행권을 받아 왔거든."

"칫, 아빠도. 여기 있어요."

쎄리얼이 호주머니에서 별불가사리를 쑥 보여 주고는 바로 집어넣었다. 쿨라와 모닐라는 쎄리얼의 행동에 깜짝 놀랐다.

"어! 좀 이상한데."

아빠가 고개를 갸웃거리며 쎄리얼을 보았다.

"아빠, 우리가 지구에 와서 얼마나 고생했는지 아세요? 밥은 제대로 먹었는지, 어디 아픈 데 없는지 먼저 물어봐야 하는 거 아닌가요. 그깟 통행권이 뭐가 중요해요."

쎄리얼은 억울한 표정을 지으며 말을 하다가 벽에 기대어 펑펑 우는 시늉까지 했다.

"그래, 맞네. 미안미안."
아빠가 다가가 쎄리얼을 따뜻하게 안아 주었다.
쿨라와 모닐라는 터져나오는 웃음을 겨우 참았다.
"우리 진짜 고생했어요. 우주 미아가 될 뻔했다고요."
쿨라도 웃음을 참으며 슬픈 표정을 지었다.
"저희 밥도 제대로 못 먹었어요."
모닐라는 모른 척하며 한술 더 떴다. 쎄리얼은 깜짝 놀라며 모닐라를

슬쩍 쳐다보았다. 모닐라가 쎄리얼에게 한쪽 눈을 깜빡거렸다. 우주선을 타기 전에 모두 배가 터지도록 저녁을 먹었기 때문이다.

"그래, 그래. 미안하구나. 먼저 밥부터 먹고 얘기하자꾸나."

아빠가 따뜻한 목소리로 얘기하자, 쎄리얼은 눈물을 닦으며 고개를 들었다. 그러고는 함께 식당으로 걸어갔다.

창밖에 보이는 둥근 지구가 점점 작아지며 점으로 변해 갔다. 쎄리얼이 물끄러미 밖을 보며 호주머니에서 슬쩍 별불가사리를 꺼내 보았다. 불가사리에게 미안했다.

"이 녀석 다시 자기 집으로 데려다줘야 하는 거 아냐?"

쎄리얼이 모닐라에게 귓속말로 얘기했다.

"뭐! 또 가자고?"

쎄리얼이 활짝 웃으며 말없이 고개를 끄덕였다.

## 최고의 탄소 흡수원, 갯벌

탄소 중립이란, 이산화탄소 배출량과 흡수량의 균형을 맞춰 순 배출량을 '0'으로 만든다는 의미예요. 순 배출량을 0으로 만들려면, 이산화탄소 배출은 줄이고 흡수를 높여야 하지요.

**발생하는 탄소(100)-흡수하는 탄소(100)=0**

사실 배출량을 줄이는 것보다 흡수량을 높이는 게 더 쉬울 수 있어요. 나무를 심어 숲이 늘어나면, 이산화탄소 흡수량이 증가하지요. 그런데 숲보다 더 뛰어난 탄소 흡수원이 바로 갯벌이에요. 우리나라 전체 갯벌은 연간 26만 톤의 이산화탄소를 흡수해요. 이 수치는 자동차 11만 대가 배출하는 이산화탄소 양과 같아요. 갯벌 같은 습지는 탄소를 가둬 기후 변화를 막는 데 중요한 역할을 해요. 지구 지표면의 약 6%를 차지하는 습지가 지상에 존재하는 탄소의 40% 이상을 저장할 수 있지요.

갈대밭: 오염된 강물을 깨끗하게 정화시켜서 바다로 내보내요.

갯벌 속 갯지렁이와 게: 갯벌 속 유기물을 먹고, 갯벌 군데군데 구멍을 내서 산소가 갯벌 속에 들어가 갯벌이 썩는 것을 막아 줘요.

갯벌 상류의 염생식물: 오염된 바닷물을 흡수해 유기물을 처리하고, 깨끗하게 정화해 줘요.

갯벌 속 미생물: 오염 물질 속 유기물을 분해해 바닷물을 정화해 줘요.

## 갯벌의 탄소 흡수 원리

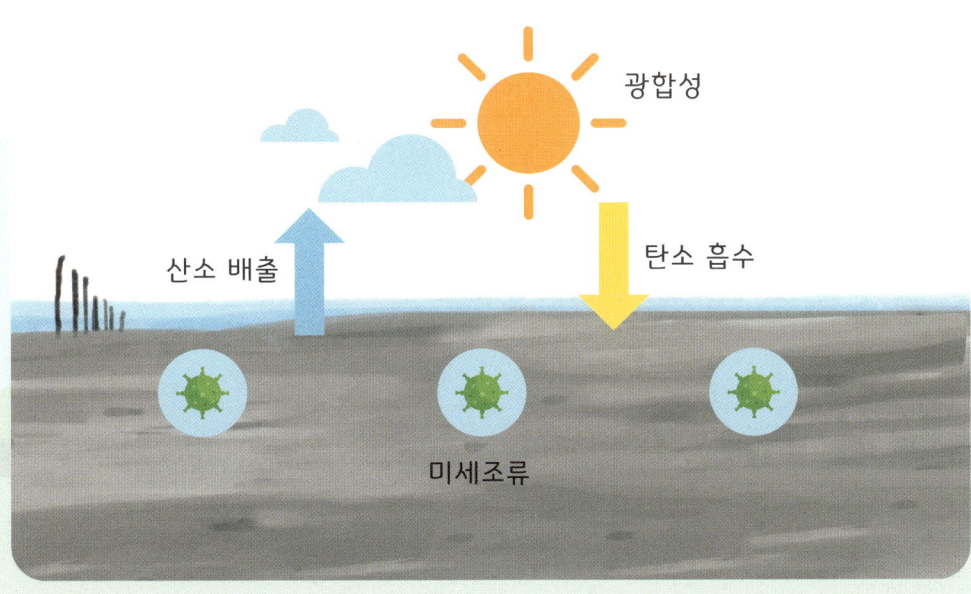

갯벌에는 갈대, 칠면초 등 다양한 염생식물이 있는데, 이들이 광합성을 통해 탄소를 흡수하여 퇴적층에 가둡니다. 퇴적층은 산소가 거의 없는 상태의 환경이라서 탄소는 이산화탄소로 분해되지 않은 채 그대로 갯벌 토양에 저장됩니다. 숲보다 최대 50배 정도 빠르게 저장돼요.

갯벌에 사는 해양생물 또한 이산화탄소를 줄이는 데 큰 역할을 해요. 조개, 성게, 산호와 같은 해양생물은 탄산칼슘으로 구성된 껍질과 골격을 만들기 위해 바닷속 탄산 이온을 사용하지요. 지구온난화로 해양이 산성화되어 탄산염 이온 농도가 낮아지면 조개 같은 해양생물은 탄산칼슘 형성이 어려워져 껍질이나 골격을 만들 수 없고, 결국 개체 수 감소로 이어져요.

## ★ 이산화탄소의 종류

환경 관점에서 탄소를 블랙카본, 그린카본, 블루카본으로 부릅니다.

① **블랙카본:** 석탄과 석유처럼 지하에 묻힌 화석 연료에 들어 있는 탄소예요. 화석 연료를 태우면 이산화탄소 같은 온실가스가 발생합니다. 블랙카본은 지구 온난화의 원인 중 하나예요.

② **그린카본:** 숲과 나무, 열대우림 같은 육상 생태계가 흡수한 탄소예요. 나무는 공기 중의 이산화탄소를 광합성을 통해 흡수하고, 산소를 내뱉어요. 무분별한 산림 벌채와 토지 개발로 인해 그린카본의 원천인 숲이 사라지고 있어요.

③ **블루카본:** 해양 생태계가 흡수하는 탄소예요. 바다에 서식하는 산호초, 어패류 같은 생물, 염습지에서 자라는 염생식물, 바닷가에 인접한 숲 등에서 탄소를 흡수하지요. 블루카본은 탄소의 흡수 속도가 육상 생태계 즉, 그린카본보다 최대 50배 이상이 빠르고, 수천 년 동안 탄소를 저장할 수 있어요. 대표적인 블루카본으로는 맹그로브 숲, 염습지, 잘피림 등이 있어요. 특히 맹그로브 숲은 탄소 흡수량이 일반 밀림보다 5배 이상 높아요.

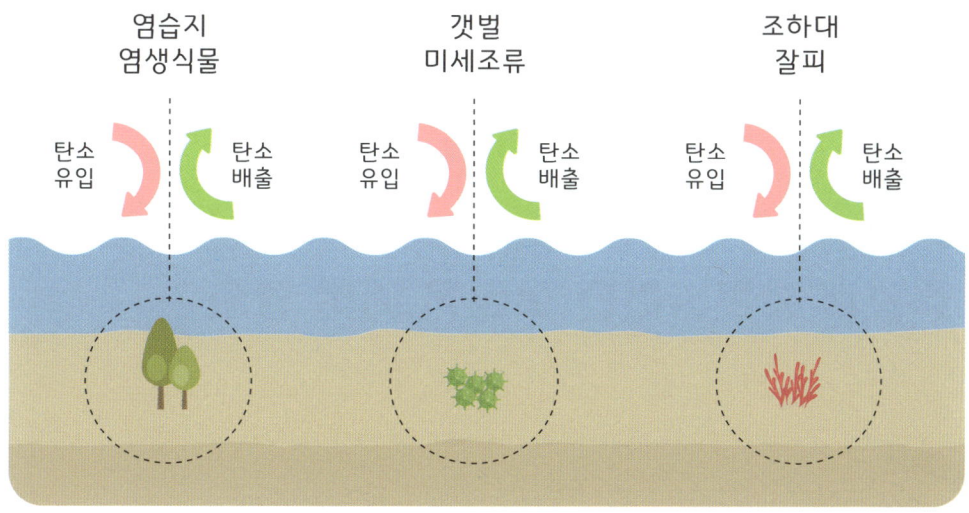

### ★ 블루카본이 많은 탄소를 저장할 수 있는 이유는?

해양 생태계는 물에 잠겨 있어서 유기물을 분해하는 박테리아가 탄소를 배출하는 호흡이 불가능해요. 그 결과 이산화탄소가 밖으로 방출되지 못하고, 유기물과 함께 갯벌이나 바닷속 토양에 저장돼요. 일반 숲에서는 토양 속 박테리아가 유기물을 분해하는 과정에서 산소를 사용하고 이산화탄소를 배출해요. 이런 점 때문에 블루카본이 그린카본보다 더 많은 탄소를 저장할 수 있어요(최대 50배 이상).

# 갯벌을 보존하려면 어떻게 해야 할까?

 갯벌을 보호할 방법은 없는 거예요?

갯벌을 개발하고 관광지로 만들면서 호수가 오염되고 환경이 파괴됐다는데, 복구가 가능한지 궁금해요.

 방법이 없는 것은 아니란다. 20년이 걸리긴 했지만 시화호는 인공 갈대 습지를 만들어 맹꽁이 같은 멸종 위기 생물이 돌아왔지. 수질오염도 많이 개선되었어.

20년이요? 헐, 그때까지 언제 기다려요?

 그렇지, 소 잃고 외양간 고치는 것보다는 갯벌의 소중함을 깨닫고 자연과 인간이 서로 공존할 수 있도록 하는 게 제일 좋은 방법이지.

갯벌에 버려지는 쓰레기가 많아서 미세플라스틱 오염도 문제라는데, 갯벌에 함부로 쓰레기를 버리면 안 되겠어요.

 갯벌의 중요성을 깨닫는 사람이 많아진다면 점차 나아지겠지? 그래서 람사르 협약도 체결된 거야.

람사르 협약이 뭐예요?

 1971년 이란의 람사르라는 곳에서 맺은 협약으로, 습지를 잘 보존해서 물새를 비롯한 동식물들이 멸종되지 않도록 보호하자는 뜻에서 맺은 조약이란다.

우리나라의 우포늪, 용늪, 장도 습지, 순천-보성 갯벌도 람사르 습지로 지정되어 있다고 들었어요.

* 갯벌과 갯벌에 사는 다양한 생물은 바닷물을 여과하고 정화해 자연과 사람을 위해 좋은 일을 많이 합니다. 그러므로 갯벌은 쓸모없는 땅이 아니라 우리와 함께 다양한 생물이 사는 생명의 공간입니다. 여러분이 갯벌을 보존하기 위해 할 수 있는 일을 생각해 보고 친구와 함께 이야기 나누어 보도록 해요.

## 선 잇기 퀴즈

다음은 갯벌에서 물고기나 조개를 잡을 때 쓰는 도구예요. 설명을 듣고 해당하는 도구와 맞는 사진을 줄로 이어 보세요.

1 뜰망: 독살의 얕은 물에 모여 있는 물고기를 떠서 잡는 도구예요.

ㄱ

2 긁게: 허리에 차고 갯바닥을 긁어 백합을 캐는 도구예요. 대나무 손잡이에 거꾸로 세운 V자 형태의 나무 틀을 만들어 붙인 형태랍니다.

ㄴ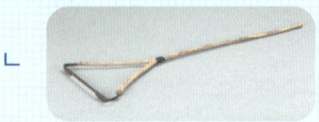

3 가래: 낙지를 잡을 때 사용하는 삽과 유사한 모양의 도구예요. 삽보다 삽날이 좁아요.

ㄷ

4 맛창: 맛이라 불리는 조개인 맛을 잡는 도구예요. 길이 40cm에서 80cm 사이의 기다란 어망이지요.

ㄹ

5 써개: 철사 끝을 구부려 갈고리 모양으로 만든 뒤 맛조개가 서식하는 구멍에 집어넣어 철사 끝의 고리로 맛조개를 걸어서 잡는 도구예요.

ㅁ

6 뻘배: 뻘에서 이동하는 도구입니다. 사람이 들어가도 될 정도로 폭과 길이가 넉넉해요.

ㅂ

정답: 1/ㄷ, 2/ㄴ, 3/ㄱ, 4/ㄹ, 5/ㅂ, 6/ㅁ

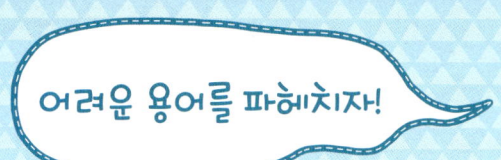

**간척** 얕은 바다를 육지로 활용하기 위해 인공 제방을 쌓고 해수를 퍼내며 일부분을 인공호수로 만들어 땅을 고르는 작업.

**갯벌** 밀물 때는 물에 잠기고, 썰물 때는 물 밖으로 드러나는, 모래, 진흙 등으로 이루어진 편평한 땅.

**밀물** 바닷물이 들어와 바닷물의 표면이 높아지는 현상.

**셰니어(chenier)** 모래 퇴적체로 입자가 큰 모래와 조개 조각으로 이뤄져 있음. 해안선을 따라 평행하게 긴 모양으로 생긴 특이한 퇴적 지형.

**썰물** 바닷물이 빠져나가 바닷물의 표면이 낮아지는 현상.

**양식** 물고기나 해조, 버섯 등을 사람의 힘으로 길러서 번식하게 함.

**유기 쇄설물(organic detritus)** 죽은 동물이 썩으면서 분리된 작은 파편.

**조차** 밀물과 썰물의 변화에 따라 하루 중 바닷물이 가장 높을 때와 낮을 때의 차이.

**조석** 다른 천체의 중력에 의해 발생하는 한 천체의 주기적인 변형 작용.

**철새** 철을 따라 이리저리 옮겨 다니며 사는 새.

**침식** 지표의 바위나 돌, 흙 등이 빗물이나 냇물, 바람 등에 의해 깎여 나가는 것.

**퇴적 작용** 지질과학에서 부유 상태로 존재하던 물질이 침전하여 쌓이는 작용.

**플랑크톤** 해수와 담수에 사는 부유성 미세 생물.

**해안** 바다와 맞닿은 넓은 육지.

## 알아 두면 좋은 갯벌 관련 사이트

**녹색연합** www.greenkorea.org
1991년 창립하여 우리나라 자연을 지키는 환경 단체입니다. 새만금 간척 사업의 부당함을 주장하며 국내 최초로 '미래 세대 환경 소송'을 진행했으며, 백두대간과 DMZ를 보전하고 야생 동물을 지키기 위해 활동하고 있어요.

**환경운동연합** kfem.or.kr
1993년 창립된 환경운동연합은 시화호 살리기, 동강 살리기, 핵폐기장 강행 저지, 새만금 살리기, 서·남해안 습지 보전, 멸종 위기종 및 고래 보호, 기후 변화 대응 등 다양한 지구 환경 문제를 해결하기 위하여 노력하는 단체예요.

**한국의 갯벌** www.getbolworldheritage.org
유네스코 세계 유산인 한국의 갯벌을 보존하고 교육, 유산 관광 등 다양한 활동을 통해 갯벌이 '살아 있는 유산'으로서 발전하도록 알리고 있어요. 다양한 갯벌 관련 자료를 볼 수 있어요.

**국립수산과학원** www.nifs.go.kr
수산 자원, 해양 환경, 양식, 질병, 식품 위생·가공, 수산공학, 생명공학 등 수산업 전반에 관한 연구뿐만 아니라 각종 수산 재해를 예측하고 대응하는 등 현장 중심의 수산 기술을 개발하는 곳이에요.

# 신나는 토론을 위한 맞춤 가이드

『유네스코 세계 유산 한국의 갯벌』을 통해 갯벌에 대해서 잘 이해했나요? 칠면초, 염생식물 등 다양한 철새와 생물이 함께 어울려 살아가는 바다의 박물관 갯벌의 생태를 이해한다면 과학과 문화가 새롭게 느껴질 거예요. 이제 마지막 단계인 토론을 잘하려면 올바른 지식과 다양한 정보가 뒷받침되어야 해요. 책을 다 읽고 친구 또는 부모님과 신나게 토론해 봐요!

### 잠깐! 토론과 토의는 뭐가 다르지?

토론과 토의는 모두 어떤 문제를 해결하기 위해 의견을 나누는 일입니다. 하지만 주제와 형식이 조금씩 달라요. 토의는 여러 사람의 다양한 의견을 한데 모아 협동하는 일이, 토론은 논리적인 근거로 상대방을 설득하는 일이 중요합니다. 토의는 누군가를 설득하거나 이겨야 하는 것이 아니기 때문에 서로 협력해서 생각의 폭을 넓히고 좋은 결정을 내릴 때 필요해요. 반면 토론은 한 문제를 놓고 찬성과 반대로 나뉘어 서로 대립하는 과정을 거치지요. 넓은 의미에서 토론은 토의까지 포함하는 경우가 많습니다. 토론과 토의 모두 논리적으로 생각 체계를 세우고, 사고력과 창의성을 높이는 데 도움을 준답니다.

## 토론의 올바른 자세

**말하는 사람**
1. 자신의 말이 잘 전달되도록 또박또박 말해요.
2. 바닥이나 책상을 보지 말고 앞을 보고 말해요.
3. 상대방이 자신의 주장과 달라도 존중해 주어요.
4. 주어진 시간에만 말을 해요.
5. 할 말을 미리 간단히 적어 두면 좋아요.

**듣는 사람**
1. 상대방에게 집중하면서 어떤 말을 하는지 열심히 들어요.
2. 비스듬히 앉지 말고 단정한 자세를 해요.
3. 상대방이 말하는 중간에 끼어들지 않아요.
4. 다른 사람과 떠들거나 딴짓을 하지 않아요.
5. 상대방의 말을 적으며 자기 생각과 비교해 봐요.

## 체계적으로 생각하기

### 갯벌의 가치는 무엇일까?

다음은 갯벌의 가치에 대해 쓴 기사예요. 잘 읽고 질문에 답해 보세요.

갯벌은 낙지, 바지락 등 각종 수산물을 생산하고, 해양으로 유입되는 오염 물질을 정화하는 한편, 지진·해일로 인한 피해를 저감하는 등 우리에게 여러 가지 혜택을 제공하고 있다. 또한 갯벌은 관광 자원으로서 갯벌 어업 등 다양한 체험 활동의 장으로 활용되고, 해양 자원을 통해 신체적·정신적 건강을 증진하는 해양 치유 자원으로도 주목받고 있다.

하지만 그 혜택과 가치를 과학적이고 체계적으로 추산하는 데 어려움을 겪어 왔다. 이에 따라 해양수산부는 우리 갯벌의 가치를 널리 알리고, 갯벌 복원 사업, 갯벌 식생 복원 사업 등 갯벌 정책의 근거로 삼기 위해 한국해양수산개발원과 합동으로 2017년부터 갯벌 생태계 서비스 가치 평가를 위한 연구를 추진해 왔다. 그 결과 갯벌의 생태계 서비스 가치 중 조절 서비스와 문화 서비스의 경제적 가치를 연간 17조 8121억 원으로 추산했다. 해양수산부는 후속 연구를 통해 이번 연구에 포함되지 않은 갯벌의 공급·지원 서비스에 대해서도 평가하고, 갯벌의 생태계 서비스 전반에 대한 평가 체계를 구축할 계획이다. 아울러 내년부터 갯벌 상부의 염생식물을 조성하여 갯벌의 탄소 저장 기능을 강화하고, 갯벌의 경관을 개선하는 갯벌 식생 복원 사업 4개소를 신규로 추진한다.

해양수산부 관계자는 "갯벌 생태계 서비스의 평가 방법을 고도화하고, 갯벌의 공급 서비스와 지원 서비스에 대한 가치 평가를 추가해 더 체계적이고, 더 과학적인 갯벌 관리 정책을 추진하도록 하겠다"고 덧붙였다.

〈환경과 조경〉 기사, 2021. 12. 19.

1. 기사에서 주목한 갯벌의 가치는 무엇인가요?

2. 해양수산부에서 갯벌 생태계 서비스 가치 평가를 위한 연구를 추진해 온 까닭은 무엇이고, 갯벌의 가치로 추산한 연간 17조 8121억 원에 포함되지 않은 항목은 무엇인가요?

3. 기사를 통해 해양수산부의 갯벌 정책에 어떤 변화가 있을 거라고 예상되나요?

## 논리적으로 생각하기 1
### 끝나지 않은 마지막 희망, 새만금 갯벌 '수라'

2023년 개봉된 영화 〈수라〉는 황윤 감독이 새만금 수라 갯벌에서 7년에 걸쳐 멸종 위기종 생물을 관찰하고 촬영한 다큐멘터리 영화입니다. 새만금의 마지막 갯벌 '수라'를 조명한 영화 〈수라〉에 대해 쓴 다음 기사를 읽고 생각해 보세요.

'죽은 뻘'인 줄 알았는데 살아 숨 쉰다. 저어새, 넓적부리도요, 흰발농게 등 멸종 위기에 처한 동물들의 소중한 삶터다. 새만금 신공항 예정지인 남수라 마을 인근 갯벌과 연안 습지인 '수라 갯벌' 이야기다. 수라란 '비단에 새긴 수'를 뜻한다. 새만금 방조제 공사로 물길이 막힌 지 15년이 넘었건만 생명은 강하다.

황윤 감독의 〈수라〉는 수라 갯벌의 경이로운 7년을 기록한 다큐 영화다. 갯벌 생태계 보전의 당위성을 앞세우기보다, 인간과 갯벌의 생명체들이 공존해 온 시간과 그 아름다움을 섬세하게 포착했다.

최근 정부가 수라 갯벌에 공항을 짓겠다고 발표하면서 시민·환경 단체가 반발하고 있다. 시민들이 국토교통부 장관을 상대로 공항 건설 계획 취소 소송을 제기해 재판이 진행 중이다.

"수라 갯벌은 이미 육지화돼 생태적 보호 가치가 없다는 주장도 있는데요. 영화 〈수라〉가 그 반증입니다. 멸종 위기에 처한 야생 동물 40여 종이 여기 살아요. 전 세계가 '탄소 중립'을 외치는 때에 우리는 국민 혈세를 쏟아부어 어마어마한 탄소를 배출할 공항을 새로 짓겠다니요."

"인간이 아니라는 이유만으로 고통받고 착취당하고, 멸종 위기에 처하고도 말도 못 하는 동물들이 약자 중 약자라고 생각해요. 제가 할 수 있는 건 '비인간 동물'들의 이야기를 영화로 만들어 잘 전하는 것이고요. 동물들이 고통받고 사라져 가는 세상은 인간에게도 얼마나 삭막한 세상인가요. 모두가 '운명 공동체'니까요."

황 감독은 "'이름'을 붙이고 기억하는 게 얼마나 소중한지도 말하고 싶다"고 했다. "이를테면 '새만금'은 간척 사업자들이 만든 표현이다. 영화에서 '새만금'이라는 이름을 많이 쓰지 않으려 한 이유다. 갯벌 지키기의 시작은 이름을 제대로 부르는 것부터다"라고 덧붙였다.

〈한겨레21〉 기사, 2023. 8. 17.

1. 영화 <수라>에서 '새만금'이라는 이름을 많이 쓰지 않은 이유는 무엇인가요?

2. 기사에 따르면 영화 <수라>는 개발을 찬성하는 입장인가요, 반대하는 입장인가요?

3. 갯벌 개발을 찬성하는 입장, 반대하는 입장 둘 중에서 하나의 입장을 골라 자신의 입장을 정리해 보세요.

　　개발 반대　　　　　　　　　　　　　　개발 찬성

## 논리적으로 생각하기 2
### 절반이 사라진 한국 갯벌, 대안은?

다음 기사에서는 간척 사업으로 절반이 사라진 한국 갯벌과 이로 인한 문제를 해결하기 위한 정부의 역할을 강조하고 있습니다. 글을 읽고 갯벌의 개발로 인한 환경 오염을 해결하는 방법을 생각해 보세요.

간척 사업으로 인해 사라진 우리나라 갯벌이 얼마나 될까? 전문가들은 대략 현재 50% 정도의 갯벌이 남아 있다고 추정하고 있다. 즉, 간척 이전에 우리나라 갯벌 면적은 약 5000km²였으며 절반인 2500km²가 간척으로 사라지고 나머지 2500km²가 남아 있는 셈이다.

현대 공법으로 인한 대규모 간척 사업이 갯벌에 주는 피해는 막대하다. 이러한 피해의 대표적인 사례가 시화호와 새만금 간척 사업이다. 과거 시화호는 담수호로서의 기능을 할 수 없을 만큼 수질이 악화되었다. 1996년 여름에 현장 조사를 직접 나가 본 적이 있다. 당시 호수 한가운데에서는 엄청난 양의 폐수가 수면으로 솟구치고 있었고, 수심 5m 이하는 산소가 존재하지 않아 어떤 생물도 살 수 없는 죽음의 공간이었다. 정부는 수질 개선의 궁여지책으로 조력발전소를 건설하여 바닷물의 흐름을 재개하는 선택을 했다. 새만금호와 간척지는 만경강과 동진강 하구를 완전히 가로지르는 30km 길이의 방조제를 건설하여 약 400km²의 바다를 매립하여 생겨났다. 노태우 정부에서 시작하여 노무현 정부 때 마지막 방조제 물막이 공사가 끝이 났으며 그 이후 15년이 지난 오늘까지도 내부 개발 사업은 마무리가 되지 않은 상태이다.

여전히 갯벌 보존을 위해 갈 길이 멀다. 비록 대규모 간척 사업은 없을 것이라고 정부가 약속했지만 이는 농지 확보가 목적인 경우에만 한정된다. 안전한 항로를 확보한다며 정부는 매년 수백억~수천억 원을 들여 항로를 준설하고 그 준설토를 이용하여 매립을 진행하고 있다. 갯벌 간척 사업이 공유수면 매립 사업으로 이름이 바뀌었을 뿐 갯벌과 바다를 매립하여 토지를 만드는 행위 자체는 동일하다. 항로 준설은 수출입 화물이 안전하게 운반될 수 있도록 선박 항로를 마련하는 매우 중요한 사업으로 소홀히 할 수가 없다. 항로 준설에서 나오는 준설토를 갯벌의 기능 개선 등에 활용할 수 있는 방법을 찾아 갯벌 매립의 속도를 최대한 늦춰야 한다. 더 늦기 전에 갯벌 보호와 항로 준설 사이에 합리적인 균형점을 찾아야 한다.

〈프레시안〉 기사, 2021. 9. 18.

1. 시화호에 대해서 조사해 보고, 시화호의 오염을 해결하기 위해 어떤 노력이 이루어졌는지 정리해 보세요.

2. 갯벌의 개발로 인한 환경 오염을 해결하는 방법으로는 무엇이 있을지 자신의 생각을 적어 보세요.

## 창의력 키우기

# 갯벌 관찰 기록장 만들기

갯벌 체험을 위한 계획을 세워 보고, 갯벌에 가서 관찰한 내용을 바탕으로 관찰 기록장을 만들어 볼까요? 찍어 온 사진과 미리 모아 둔 자료를 활용하세요.

| 날짜 | | 관찰 장소 | |
|---|---|---|---|
| 갯벌 체험을 위한 준비물 | 모종삽, 호미, 돋보기, 메모장, 필기구, 선크림, 모자, 샌들 등 | | |
| 갯벌 체험을 통해 알게 된 점 | | | |
| 지역 주민에게 질문한 내용 | 1)<br>2)<br>3)<br>4)<br>5) | | |
| 체험한 갯벌의 특징 | | | |
| 관찰한 동식물 | | | |

## 예시 답안

### 갯벌의 가치는 무엇일까?

1. 갯벌은 낙지, 바지락 등 각종 수산물을 생산하고, 해양으로 유입되는 오염 물질을 정화하는 한편, 지진·해일로 인한 피해를 줄이는 등 우리에게 여러 가지 혜택을 제공하고 있다. 또한 갯벌은 관광 자원으로서 갯벌 어업 등 다양한 체험 활동의 장으로 활용되고, 해양 자원을 통해 신체적·정신적 건강을 증진하는 해양 치유 자원으로도 주목받고 있다.

2. 우리 갯벌의 가치를 널리 알리고, 갯벌 복원 사업, 갯벌 식생 복원 사업 등 갯벌 정책의 근거로 삼기 위해 갯벌 생태계 서비스 가치 평가를 위한 연구를 추진해 왔다. 갯벌의 공급·지원 서비스는 갯벌의 가치로 추산한 연간 17조 8121억 원에 포함되지 않았다.

3. 앞으로 갯벌의 공급·지원 서비스와 생태계 서비스 전반에 대한 평가 체계를 구축하고, 갯벌 상부의 염생식물을 조성하여 갯벌의 탄소 저장 기능을 강화하며, 갯벌의 경관을 개선할 것으로 보인다. 갯벌 생태계 서비스의 평가 방법을 고도화해 더 체계적이고 과학적인 갯벌 관리 정책을 추진할 것으로 보인다.

### 끝나지 않은 마지막 희망, 새만금 갯벌 '수라'

1. '새만금'은 간척 사업자들이 만든 표현이기에, 영화에 '새만금'을 언급하는 것을 되도록 피했다.
2. 반대하는 입장
3. 개발 반대: 세계적으로 해안 지역이 차지하는 면적은 매우 적지만 생태적으로 매우 중요하다. 특히 연안에 발달해 있는 습지는 어패류의 산란장과 보육장 역할을 하고, 육상과 해양의 오염 물질을 정화하는 역할을 한다. 또한 해일의 충격을 완화시키는 수문적 완충 지대이고 부유물질과 토사를 고정시켜 연안 생태계를 건강하게 만들 뿐만 아니라 수로와 항구의 기능이 저하되는 것을 막아 준다. 해안 지역은 육상 생태계와 수상 생태계가 공존하는 곳이기 때문에 생태적 다양성이 매우 높다. 해안 습지는 폭풍이나 해일에 의한 피해를 일차적으로 흡수해 주는 역할을 한다. 해안사구의 모래 또한 파랑 에너지를 흡수, 완충할 수 있으며 지구 온난화에 따른 해수면의 상승과 범람 지역의 확대에 대비할 수 있다.

개발 찬성: 인류는 급격한 인구 증가와 산업화의 영향으로 식량자원의 고갈, 광물 자원, 새로운 에너지 자원의 확보 등 산적한 문제들의 해결 방안을 해안에서 찾지 않으면 안 될 상황에 처해 있다. 단지 해안을 낭만과 동경의 대상으로 인식하는 시각을 버려야 한다. 무궁무진한 잠재력을 가지고 있는 해안 개발을 통하여 머지않은 미래에 인류에게 닥칠 위기를 극복하고 보다 풍요롭고 발전된 생활을 영위할 수 있다.

**예시 답안**

### 절반이 사라진 한국 갯벌, 대안은?

1. 1994년 바다를 막아 만들어진 시화호는 한때 오염이 매우 심각해 죽음의 호수라고 불릴 만큼 몸살을 앓았다. 하지만 정부 등 관계 부처가 담수화를 포기하고 해수화를 결정했으며, 조력발전소를 건설해 해수 유통량을 증가시켜 수질 개선에 힘을 쏟았다. 여기에 시민들의 자발적인 환경 정비, 생태계 모니터링 등 시화호를 살리기 위한 노력이 더해져, 20여 년의 노력 끝에 수질이 회복되었다.

2. 독일은 갯벌의 대부분을 국립공원으로 지정하여 정부 주도형으로 강력한 보호 정책을 취하고 있으며 갯벌을 공유하고 있는 네덜란드, 덴마크와 공동으로 갯벌을 관리하고 있다. 미국의 경우 연안 개발로 인한 훼손을 복원하는 데 역점을 두고 있으며, 캐나다는 중요한 연안 습지를 대부분 람사르 습지로 등록하여 보전하고 있는 대표적인 나라이기도 하다. 이처럼 정부와 시민이 협력하여 자국의 실정과 특성을 반영한 구체적인 갯벌 보호 정책을 실천한다면 우리의 소중한 갯벌을 건강하게 지켜 나갈 수 있을 것이다.

# 뭉치수학왕

**수학이 쉬워지고, 명작보다 재미있는**

100만 부 판매 돌파!

 +

## "인공지능(AI) 시대의 힘은 수학에서 나온다!"

### 개념 수학

**〈수와 연산〉**
1. 양치기 소년은 연산을 못한데
2. 견우와 직녀가 분수 때문에 싸웠대
3. 가우스, 동화 나라의 사라진 0을 찾아라
4. 가우스는 소수 대결로 마녀들을 물리쳤어
5. 앨런, 분수와 소수로 악당 히들러를 쫓아내라
6. 약수와 배수로 유령 선장을 이긴 15소년

**〈도형〉**
7. 헨젤과 그레텔은 도형이 너무 어려워
8. 오일러와 피노키오는 도형 춤 대회 1등을 했어
9. 오일러, 오즈의 입체도형 마법사를 찾아라
10. 유클리드, 플라톤의 진리를 찾아 도형 왕국을 구하라
11. 입체도형으로 수학왕이 된 앨리스

**〈측정〉**
12. 쉿! 신데렐라는 시계를 못 본대
13. 알쏭달쏭 알라딘은 단위가 헷갈려
14. 아르키는 어림하기로 걸리버 아저씨를 구했어
15. 원주율로 떠나는 오디세우스의 수학 모험

**〈규칙성〉**
16. 떡장수 할머니와 호랑이는 구구단을 몰라
17. 페르마, 수리수리 규칙을 찾아라
18. 피보나치, 수를 배열해 비밀의 방을 탈출하라
19. 비례배분으로 보물섬을 발견한 해적 실버

**〈자료와 가능성〉**
20. 아기 염소는 경우의 수로 늑대를 이겼어
21. 파스칼은 통계 정리로 나쁜 왕을 혼내 줬어
22. 로미오와 줄리엣이 첫눈에 반할 확률은?

**〈문장제〉**
23. 개념 수학-백점 맞는 수학 문장제①
24. 개념 수학-백점 맞는 수학 문장제②
25. 개념 수학-백점 맞는 수학 문장제③

### 융합 수학
26. 쌍둥이 건물 속 대칭축을 찾아라(건축)
27. 열차와 배에서 배수와 약수를 찾아라(교통)
28. 스포츠 속 황금 각도를 찾아라(스포츠)
29. 옷과 음식에도 단위의 비밀이 있다고?(음식과 패션)
30. 꽃잎의 개수에 담긴 수열의 비밀(자연)

### 창의 사고 수학
31. 퍼즐탐정 썰렁홈즈①-외계인 스콜피오스의 음모
32. 퍼즐탐정 썰렁홈즈②-315일간의 우주여행
33. 퍼즐탐정 썰렁홈즈③-두쭉박쭉 백설 공주 구출 작전
34. 퍼즐탐정 썰렁홈즈④-'지지리 마란드러' 방학 숙제 대작전
35. 퍼즐탐정 썰렁홈즈⑤-수학자 '더하길 모테'와 한판 승부
36. 퍼즐탐정 썰렁홈즈⑥-설국언차 기관사 '어러도 달리능기라'
37. 퍼즐탐정 썰렁홈즈⑦-해설 및 정답

### 수학 개념 사전
38. 수학 개념 사전①-수와 연산
39. 수학 개념 사전②-도형
40. 수학 개념 사전③-측정·규칙성·자료와 가능성

### 독후 활동지

**본책 40권+독후 활동지 7권**
**정가 580,000원**